心をいやす
2人キャンプ

心が疲れたら、
キャンプに行こう。

マツオカミキ

芸術新聞社

はじめに

もともと、キャンプには苦手意識がありました。

そんな書き出しのキャンプ本なんてどうかと思うけれど、本当のことだから、書いてみます。2人キャンプを始める以前は、テントに泊まるようなキャンプをしたことはありませんでした。ただ、コテージ泊のキャンプらしきものやバーベキューをしたことはあって、そのときに感じた「役割を探して効率的に動かなければならない雰囲気」と「四六時中ワイワイして賑やかな感じ」がとっても苦手で……。静かなところが好きで、自分のペースで動きたいわたしは、ものすごく疲れてしまったのを覚えています。

そんなわたしがキャンプを始めるきっかけになったのは、夫と音楽フェスに行ってテント泊をしたことでした。隣のテントとの距離は近く、小さなテントしか張れないような狭い区画での初キャンプだったのですが、それでもとっても楽しかったのです。夏の夜、好きな音楽を聞いたあとの余韻に酔いしれながら、月灯りのもと、気を遣わなくていい相手と一緒にお酒とおつまみを。そこで「自然の中でゆっくり過ごすのって、なんて気持ちいいんだろう！」と気づいてしまったんです。

気心知れた人となら、会話を考える必要もないし、空気を読む必要もない。むしろ、心がリラックスして、幸福で満たされていく感覚。それが２０１５年の夏のこと。そこから2人キャンプの魅力にハマってしまったのです。

しかし、いざ2人でキャンプを始めようとすると、わたし達にぴったりな情報がなかなか見当たらない……。家族向けやソロ向けのキャンプ本やＷｅｂサイトはたくさんあったけど、2人向けは全然見つからない。また、Instagramで見るようなおしゃれなキャンプの情報はあっても、質素でシンプルに自然を楽しむスタイルの情報はなかなかない。

「それなら、自分で2人キャンプについて書こう！」

そう思ったのがきっかけで、「2人キャンプ初心者向けガイド（https://futaricampguide.com/）」というＷｅｂサイトをつくり、その延長線上として、今回この本を書かせていただくことになりました。

自然の中でのんびりすることが目的の2人キャンプは、周りに気を遣ったり、頑張って無理をしたりする必要はまったくありません。最小限の道具で、自然を感じながらゆるやかに過ごす時間。ぜひ、その楽しさを実感してもらえたらと思います。

目次

1

2人キャンプって何するの？

2人キャンプという カタチ

「何もしない」ただゆったりのんびりする時間

「2人でキャンプに行って、何してるの？」

夫婦でキャンプに行くのが趣味だと伝えると、たいてい聞かれることです。キャンプはワイワイ大勢で行くイメージがあるのか、2人だとつまらなさそうに感じるのかもしれません。

この質問に対して、わたしはいつもこう答えます。

「**何もしないんだよ**」

わたし達の2人キャンプでは、特別なことは何もしません。静かでのんびりした大自然の中で、時間に追われず、誰かを気にすることもなく、ただ、好きなように過ごす。それが最高の贅沢なんです。

「ただ生きている」を実感するしあわせ

あわただしい日常の波にのまれて、常に何かに追われている気持ちになることがあります。それは仕事だったり、誰かの期待だったり。たくさんお金を稼がないと、誰かの役に立たないと、すごいと思われるような生き方をしないと、自分が生きている「意味」がない……。そんな風に思ってしまうことも。

でも、2人キャンプをしていると、ガチガチに凝り固まった気持ちが、じんわりほどけていくんです。だって、こんな大自然の中でも、最低限の道具と知識さえあれば、毎日を過ごせてしまうんですから。

誰かの役に立とうと頑張らなくていい。見栄をはらなくてもいい。ただこうして、ポカポカした日差しのもと、鳥の声を聞き、風を感じながら何もせずに過ごしたっていい。自分がしあわせであるために本当に大切なことって、そう多くない。そんなことを、2人キャンプは教えてくれました。

2人キャンプの魅力と過ごし方

じっくり本音で語る時間

特別なことは何もせずにのんびりするのが2人キャンプの醍醐味ですが、これから始める人にとってイメージしやすくなるよう、実際にどんな時間を過ごしているのかご紹介します。

わたしにとって最も心地良い時間は、広い空の下、ゆったりとした気持ちで夫と会話しているときです。時間がたっぷりあるので、普段は話さないような本音もこぼれます。

夜の焚き火タイムは特に、「これからの人生でこんなことをやってみたいんだよね」なんて話になることも多いです。こんな話になるのは、気心知れた人と2人でキャンプをするからこそ。身体も気持ちもゆるめて、自分らしくいられる時間です。

自然の風景を写真で切り取る

忙しく生きていると、どうしても無頓着になってしまう自然の景色。やさしい光が入る木漏れ日、夕焼けが夜に変わっていくマジックタイム、朝の清々しい芝生の緑。キャンプでは、それらの景色をじっくりと味わいます。そんな素敵な景色を残したくて、キャンプを始めてからミラーレス一眼を買いました。帰宅後に写真を見返して余韻に浸ったり、しばらく経ってから「この時はこんな道具を使っていたんだね」と過去のキャンプを振り返ったりするのも、ウキウキする時間。

お気に入りの本を読む

キャンプには、本や雑誌をたいてい1〜2冊持っていきます。仕事のための本ではなく、小説やアウトドア系の雑誌、エッセイなど、気持ちをゆるめられるものをチョイス。お気に入りは『誰もいない場所を探している』（庄野雄治著・ミルブックス）や『しあわせのパン』（三島有紀子著・ポプラ文庫）など。

初心者でもできるの？
2人キャンプへの素朴なギモン

キャンプ初心者の２人でも、大丈夫。わたし達も両方ともキャンプ初心者でした。むしろ「これまでキャンプをしたことがない」という方に、ぜひ自然の中でのんびりする楽しさを知ってほしい！ということで、初心者が楽しくキャンプするためのポイントをまとめました。

2人だと大変じゃない？

2人に適したサイズで初心者でも簡単に扱えるものを選べば、テントなどの設営もそれほど苦労しません。わたし達の場合、キャンプ場に到着して30分もあれば、のんびり過ごす準備が完了しています！

→3章をCHECK

2人だとキャンプ場で浮かない？

キャンプ場には、夫婦やカップル、友達と2人で来ている人も意外に多いんです。ただし、2人で静かに楽しむためにはグループでキャンプをする人が少ないシーズンを選ぶのもポイントです。

→5章をCHECK

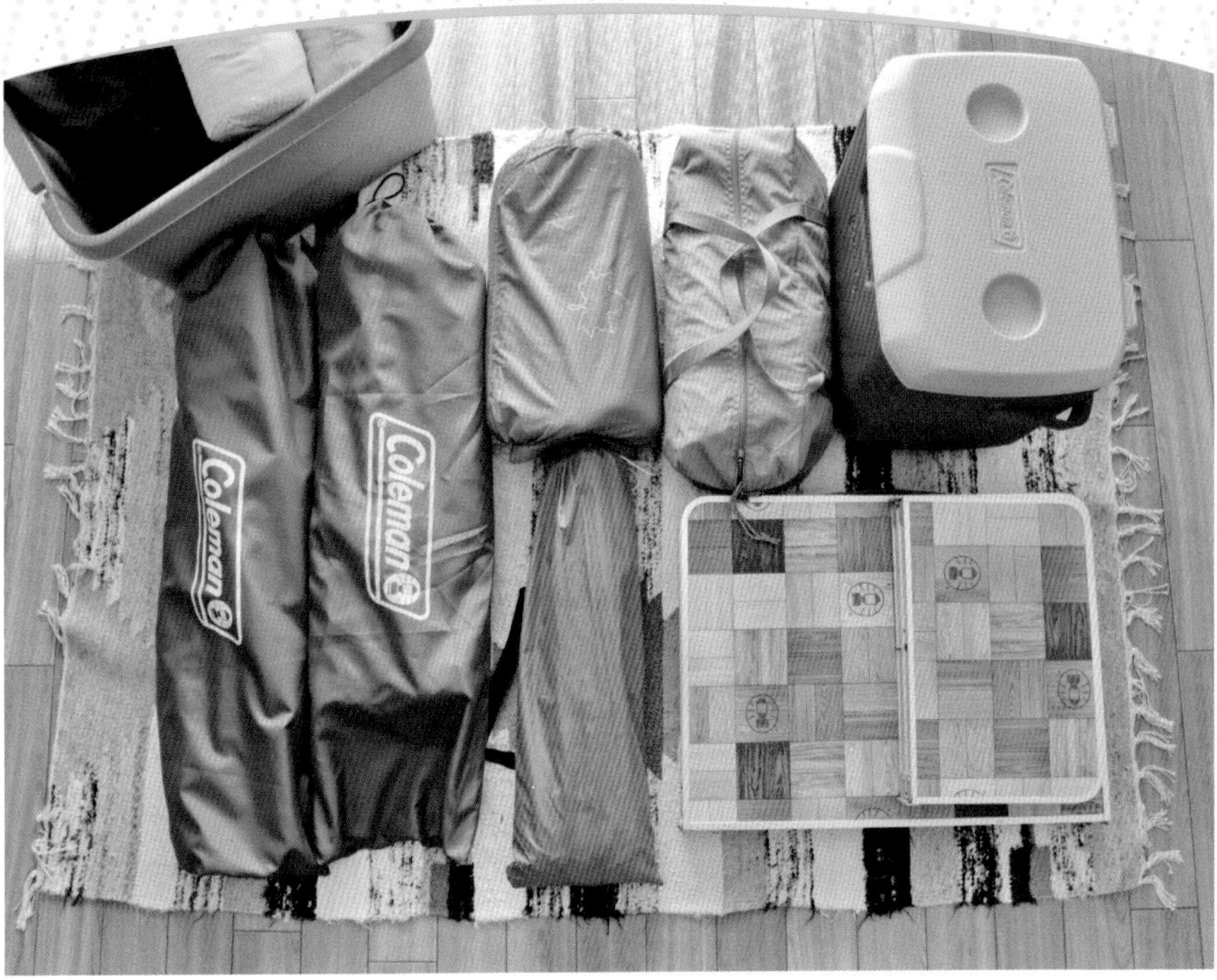

道具を何も持っていないんだけど……

まずは最低限の道具だけそろえてもいいですし、とりあえずキャンプ道具のレンタルを活用するという手も。キャンプ場にあるレンタルサービスや、ネットの宅配レンタルなどを活用すれば、購入しなくてもキャンプが始められます。ゼロからキャンプ道具をそろえる場合は、道具選びのポイントを参考に。

→3章をCHECK

車を持っていないんだけど……

わたし達も持っておらず、毎回レンタカーでキャンプに行っています。レンタカーで行く場合は、積み込みの時間も考慮したスケジュールで動きましょう。また、キャンプ道具の積載方法にはちょっとしたポイントがあるので、後ほどご紹介します！

→3章コラムをCHECK

COLUMN
2人
キャンプ

わたしがキャンプに対して持っていた不安

キャンプ未経験だったわたしが、不安に思っていたこと。それは「虫嫌だな」「トイレ綺麗じゃなかったらどうしよう」「お風呂ってどうするんだろう」などなど。清潔さとか、虫とか、今でもめちゃくちゃ気になります。実際キャンプを始めてみてどうだったのか、わたしの経験談を書いてみます。

まず、虫。小さな虫も退治できないほどの虫嫌いです（蚊でギリギリ……！）。だからこそキャンプでは、必死で虫を寄せ付けないようにしています（笑）。虫よけスプレーを頻繁に塗布し、日が落ちて虫が多くなってきたらすぐに焚き火を始めて煙で撃退！　それと、テント内は出入り時の開け閉めに気をつければまったく虫が入りません。安全地帯。

次に、トイレなどの施設の清潔さ。これはキャンプ場によってまちまちで、爽やかな香りと温水洗浄便座でホテル並みに清潔なところもあれば、公園のトイレのような感じの場所も。事前に調べて、きれいな施設の場所に行くようにしています。

最後に、お風呂。キャンプ場に綺麗なお風呂やシャワーがついていたり、温泉が隣接していたりする場所は問題ありませんが、少し車で出ないと入浴施設がない所も多々あります。そんなときは、夜はお風呂に入らず、帰り道で温泉などに寄ることが多いです。キャンプ場に設置してあるコインシャワーはあまり綺麗でないことも多いので、「夜は絶対にお風呂に入りたい！」という場合は、温泉や入浴施設が近くにあるキャンプ場をおすすめします。

こういう不安を払拭するために、とにかくキャンプ場選びが重要だと思うので（4章でくわしくお伝えします！）、自分達にあったキャンプ場を探してみてくださいね。

2
キャンプでの時間の過ごし方

自然の流れにそった時間の過ごし方

時計ではなく太陽の動きとともに過ごす1日

普段は割と細かくスケジュールを立てて動くタイプなのですが、2人キャンプのときはあまり計画を立てず、時計を見る回数も最小限にしています。というよりも、おのずと時間が気にならなくなって、そのかわりに太陽の動きにそって過ごすようになるんです。

朝は日が昇ったら自然と目が覚めるし、夜は日が落ちて肌寒くなると眠くなってきます。就寝時間は22時ぐらいになることが多く、普段よりかなり早いです。身体のリズムが自然の流れにチューニングされていく感覚があります。

普段仕事をしているときは室内にこもることも多いため、季節の移り変わりやその日の空の様子などに無頓着になってしまうことも。そういう日々の過ごし方は、少しもったいないなあと感じます。一方で、キャンプで太陽の動きとともに過ごす1日は、なんだかとても「生き物っぽい」感じ。「ただ生きている」ということを、ひしひしと実感します。普段の日々も、キャンプでの1日のように自然とともにありたいものです。

無理のあるスケジュールは組まない

2人キャンプは、何よりもゆったりと過ごす時間が大切です。

「せっかくのキャンプだから！」と、予定を詰め込みたくなるかもしれませんが、そこはグッと我慢。例えばわたし達の場合、キャンプ場に到着する日のお昼ご飯は作って食べるのではなく、道中で食べてから向かうことがほとんど。お腹が空いてぐったりしている状態で到着し、そのまま準備をして、急いで料理をすることで疲れてしまうのなら、積極的に外食を活用していいと思っています。

2人キャンプはゆったりと楽しむスタイルですから、普段から予定を詰め込みがちな人こそ「のんびりすること」を意識してほしいです。

1泊2日キャンプの
タイムスケジュール
2人キャンプをイメージしてみよう!

2人キャンプでは、細かいスケジュールを立てる必要はありません。とはいえ、キャンプの1日をイメージするためにも、わたし達がキャンプに行くときの流れを書き出してみました。参考にしてみてください!

当日1日目

8:00｜出発

わたし達はレンタカーなので、8時にピックアップしてキャンプ道具を積み込み、出発します。2人分の荷物の積載にかかる時間は、だいたい10分ぐらい。自家用車の場合は前日までに積み込んでおくとスムーズです。

降ろすときのことを考えて荷物を積み込みます。

11:00｜昼食

道中のSAや道の駅、キャンプ場近隣の飲食店などを事前にチェックし、その土地ならではのご飯を食べることが多いです。キャンプ場に到着したらテントなどの設営から始まるので、お昼ご飯を食べてエネルギーチャージしてから向かうのがおすすめ。

昼食はご当地グルメを楽しみます。

12:00｜チェックイン

キャンプ場にチェックイン。ルールの説明は2人でしっかり聞きましょう。

前日

食材の買い出し&下ごしらえ

食事メニューは事前に決めるのがおすすめ。キャンプ場での調理は最低限ですむように、下ごしらえをしておくと楽です。

キャンプ場周辺の下調べ

キャンプ場までの道のりや、周辺の入浴施設、道の駅、スーパー・コンビニ、病院などは調べておきましょう。

12:30｜設営

設営する場所とレイアウトを決めたら、まずはタープから設営（タープを使用する場合）。わたし達の場合は15～20分でタープ&テントの設営が完了します。

13:00｜まったりタイム

とにかくまったりな時間の始まり。ボーっとしたり、カメラ片手にキャンプ場内を散策したり、読書したり。気持ち良くお昼寝することも。

16:00｜夕食準備開始

キャンプ場での調理は、火起こしや準備など思った以上に時間がかかるので、余裕を持ってスタートします。

17:00｜夕食

ゆっくり食事を楽しみます。真っ暗になる前に片付けまですませるのがベターです。

18:00｜焚き火タイム

夕食の片付けが終わったら、焚き火を囲んでお酒を飲みながらおしゃべり。星空の下、焚き火の音をBGMにして過ごす贅沢な時間です。

21:00｜就寝

キャンプ場の消灯時間は21時～22時ぐらいに設定されていることが多いので、焚き火を消してテントの中へ。

当日2日目

5:30｜起床

目覚ましを設定しなくても、太陽が昇るのと同時に目が覚めることが多いです。朝焼けを見ながらコーヒーを飲むのも特別な時間。

6:00｜朝食

朝食は簡単に作れるシンプルなものがおすすめ。ゆっくりと流れる朝の時間を楽しみましょう。

7:00｜まったりタイム

朝食後、またもやボーっと過ごす時間。おしゃべりしたり、散策したり、肌寒ければ焚き火をしたり。

10:00｜撤収開始

チェックアウトの時間に合わせて、余裕を持って撤収を始めます。朝露に濡れたテントやタープを乾かす時間も必要なので、1～2時間ぐらいかけて撤収します。

12:00｜チェックアウト

キャンプ場のルールに則ってゴミを処理し、チェックアウトの手続きをします。

12:30｜近隣の入浴施設へ

帰り道に温泉やスーパー銭湯に。お昼ご飯もたいていそこで食べます。キャンプ後の温泉も格別。

18:00｜帰宅

自宅に到着したら荷物をおろして、キャンプ終了です！

無心でペグを打つのも結構好きです。

夕食は早めの時間から、ゆっくり食べ始めるのがポイント。

うっすらと日が差し始める朝の景色が毎回楽しみ。

朝食はサッと食べられるパンにすることが多いです。

余白の時間にアイディアが生まれる

キャンプ中に描いた夢の実現に向けて

2人キャンプでは、とにかく「頑張らずにのんびりする時間」を大切にしているのですが、わたしはこの時間を「余白」と呼んでいます。スマホやパソコンを手放し、「何かしなきゃ」と予定に追われることもなく、誰かから急かされることもなく、ただただ流れに身を任せる時間のことです。そして、この余白の時間があるからこそ、わくわくするような「これから」が描けるようになると思うのです。

ちなみに、2人キャンプ中に描いた「こんな未来になったらいいな」というイメージは、キャンプ後に少しずつ行動に移しています。例えば、わたし達夫婦は文房具メーカー出身なのですが、「自分達でオリジナルの文具を企画してみたい」と考える中でアイディアが広がり、現在ではそれを実現してノートを販売する『じぶんジカン』というお店を運営しています。また、キャンプ中に2人で話して盛り上がった「1人でのんびり考え事ができるカフェをやりたい」という夢も、実現に向けて動いているところです。このように、気心知れた人と2人でゆったりとした時間を過ごすからこそ、安心して自由な発想で考えられるようになり、わくわくするアイディアが生まれるのかもしれません。

慣れてきたら2泊3日キャンプでもっとのんびりしよう

1泊のキャンプに慣れてきたら、2泊3日に挑戦してみるのもおすすめ。2泊だと、2日目は1日中ゆったり過ごす余裕ができます。設営や撤収を気にすることなく、のんびり自然を楽しむ贅沢な1日です。ちなみに、連泊キャンプは食事の準備がポイント。1泊ならば事前に購入してクーラーボックスで保存できますが、2泊の場合は2日目に近くのスーパーや道の駅などへ買い出しに行きましょう。

2泊3日キャンプのスケジュール例

1日目
昼食（近隣のお店でも◎）
チェックイン
設営
夕食
就寝

2日目
朝食
買い出し
昼食（近隣のお店でも◎）
観光・散策
夕食
就寝

3日目
朝食
撤収
チェックアウト

COLUMN
2人
キャンプ

キャンプ初心者なら「デイキャンプ」から始めるのもアリ

「キャンプに興味はあるけれど、テントなどの道具をそろえるのはハードルが高い……」と感じる人は、まずデイキャンプから試してみるのもアリです。わたしも、キャンプを始める以前は広い公園にレジャーシートやチェア、テーブルを持参して、のんびりとピクニックをするのが好きでした。そこから「自然の中にいるのって心地良い」と感じるようになり、その気持ちが今の2人キャンプというスタイルにつながったと思います。公園でのピクニックでも良いし、キャンプ場で日帰りのデイキャンプをするのもおすすめ。まずは自然の中でのんびりする気持ち良さを、ぜひ味わってください。日帰りの場合は、最低限チェアとテーブルさえあれば楽しめます。もし余裕があるならば、日差しを防げるタープも加えて持参すれば、なおキャンプ感が出てわくわくするはず。

実際のところキャンプ場では、デイキャンプを楽しむ人も多く見かけます。過去に見かけた人の中で特に印象に残っているのは、山吹色のコンパクトでかわいい外車に乗って、1人でやってきたオシャレな年配男性。まだ肌寒い春の日、小さなタープを張り、低めのチェアにゆったりと座って、薪を割るのを楽しみながら焚き火をしていました。それ以外に余計な道具は一切なく、そのミニマムだけれども豊かでかっこ良いキャンプ姿を見て、あれだけ少ない道具でも自然を楽しむのには十分なのだと感じました。その男性のように、もっとカジュアルに自然を楽しむ人が増えるといいな。

3

2人キャンプの道具選び

2人キャンプに最低限必要な道具

まずはミニマムに始めよう！

キャンプは必要な道具が多いイメージがあるかもしれませんが、ミニマムに始める2人キャンプならば、実はそれほど多くないのです。最初に全部そろえようとするとお金もかかる上、持ち運びや設営も大変に……。まずは最低限の道具だけをそろえて、自然の中で過ごす楽しさを味わってみてください。

ちなみにわたし達が最初にそろえた道具は、テント、テーブル、チェア、ランタン、小さいクーラーボックスのみ。食事は買ってきたものを食べたり、キャンプ場併設のレストランで食べたり。夏だったので「寝袋なしでも行けるのでは？」と思って、家にあったヨガマットとタオルケットを持参。これらの道具だけでも「キャンプ楽しい！」と感動したことを今でも覚えています。……ただし、結論から言えば、寝袋がないとかなり寝苦しいので用意した方が良さそうです（※この話は後程くわしく）。

また、最初のうちは道具をレンタルするという手もあります。とにかくはじめから「全部そろえなきゃ！」と思う必要はなく、最低限の道具だけ確保して気軽に始めてみてほしいです。

これだけでもOK！　最低限必要な道具リスト

- テント
- テーブル&チェア
- ランタン
- クーラーボックス
- 寝具（マット/寝袋）

初キャンプ、道具がかなり少ないです。

道具選びで最低限おさえたい3つのポイント

・簡単に設営できる

・2人で過ごすのに十分なサイズ

・なるべくコンパクトに収納できる

キャンプ道具選びのポイント

のんびり過ごす時間をできるだけ長くとるために、キャンプ道具は「簡単に設営できるもの」を選ぶことが重要。特にテントやタープは大きくて豪華なものになればなるほど設営にも手間がかかってしまうので、2人で過ごすのに適したサイズを選びましょう。ただし、小さすぎると過ごしにくくなってしまうかも……。実際にお店に見に行ったりして、自分達のスタイルにあうサイズかどうかチェックするのがおすすめです。

また、車への積載や自宅での収納、持ち運びの面でも、なるべくコンパクトな道具を選んでおくと楽になります。重さと収納時の大きさもチェックしてみましょう。

わたし達のキャンプの目的は「自然の中でのんびり過ごすこと」なので、「とにかくのんびりできる時間・空間をつくること」が、キャンプ道具選びの軸にもなっています。

2人キャンプに適した
テントの選び方

テント選びは見た目も重要ですが、機能面も知っておくと「あっちにすれば良かった！」と後悔する可能性が低くなるはず。よく使われるテントの種類と、それぞれのメリット＆デメリットをご紹介します。

ドーム系テント

ドーム型テント
最もポピュラーな、天井がドーム状になっているテント。
メリット:テントの端まで有効に使える
デメリット:天井が低いモデルが多い

ワンタッチテント
設営がワンタッチでできる便利なテント。
メリット:とにかく設営が簡単
デメリット:サンシェード用の簡易的なものもあるので構造を要確認

ツールームテント
ドームテントの入り口部分にリビングスペースを備えたタイプ。
メリット:リビングまで1つのテントで作れる
デメリット:ポールが多いので設営は少し複雑

ワンポール系テント

ワンポールテント

1本のポールだけで支える、とんがり屋根が特徴的なテント。インディアンテント、ティピーテント、モノポールテントとも呼ばれる。

メリット：ポールを1本立てるだけで設営が簡単

デメリット：テント内の端はデッドスペースになってしまう

ベルテント

ワンポールテントのサイド部分が立ち上がっていて、ベル（鈴）のような形をしているテント。モンゴルの遊牧民が使うゲルのような見た目。

メリット：通常のワンポールテントに比べて居住空間が広く感じる

デメリット：構造や重さなどを考慮するとはじめてのテントとしてはややハードルが高いかも

知っておきたい豆知識

「2人用テント」だとちょっと狭いかも？

メーカーが推奨する使用人数は、テント内の端までぎゅうぎゅうに詰めた場合の人数であることが多いので、1〜2人用だと少し窮屈かも。2人で使用するならば最低でも2〜3人用と表記のあるものがおすすめです。

初心者2人キャンプにおすすめ「ワンポールテント」

15分もあれば1人でたてられることと、ポールが1本なので収納もコンパクトなことから、はじめてのテントにはワンポールテントがおすすめです。わたし達はワンポールテント、ベルテント、ドームテントの3種類を使ったことがあるのですが、メリットとデメリットを総合的に考えると、自然の中でゆったりとした時間を過ごす自分達のスタイルには、ワンポールテントが向いていると感じました！

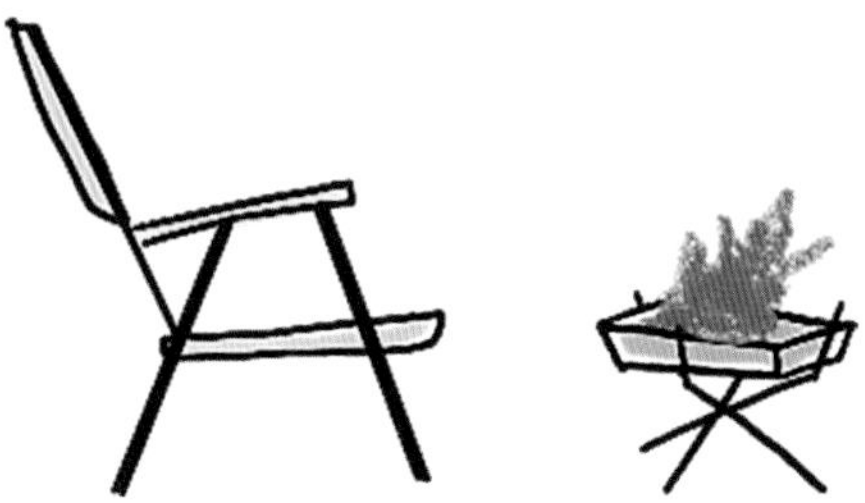

地面に近いロースタイル。くつろぎやすい。

チェアもテーブルも高いハイスタイル。
食事がしやすい。

テーブル&チェアの選び方

スタイルにあわせた高さを選ぶ

食事をしたり、焚き火を囲みながらお酒を飲んだりと、長い時間を過ごすリビングスペース。そこに欠かせないテーブルとチェアは、自分達のスタイルにあったものを選びましょう。テーブル&チェアのスタイルは、大きく分けて2種類。家庭のダイニングと同じような高さで食事がしやすい「ハイスタイル」、座面とテーブルが低く足を伸ばしてリラックスできる「ロースタイル」です。ちなみにわたし達は、チェアに座ってのんびりしている時間が長いため、ロースタイルが好み。

チェアを購入する際は、実際に座って選ぶのがおすすめです。座り心地を確認して、自分にとって居心地が良いものを選ぶことが、快適なキャンプをするポイントになります。チェアの高さだけでなく、背もたれの有無や形状、座面の生地など、自分にフィットするものを探してみてください。

ゆったりくつろぐためにチェアはこだわるのもアリ

最低限の道具だけで身軽に楽しむのがモットーではあるものの、チェアだけは大きさに関係なく座りやすくくつろげるものを選びました（写真参照）。

2人キャンプを始めた頃はもう少し小さなローチェアを使っていたのですが、長時間座っていると腰が痛くなってしまって……。無理のない体勢でのんびりしたいし、焚き火を囲んでおしゃべりする時間も、星空を見上げながらくつろぐ時間も全力で楽しみたい。

そんなわたし達が行きついたのは「3段階リクライニングチェア」です。シチュエーションによって姿勢を変えられるので、同じ姿勢が続いて腰が痛くなることもなくなりました。思いっきり倒して、チェアに寝そべりながらお昼寝するのも気持ち良いです！

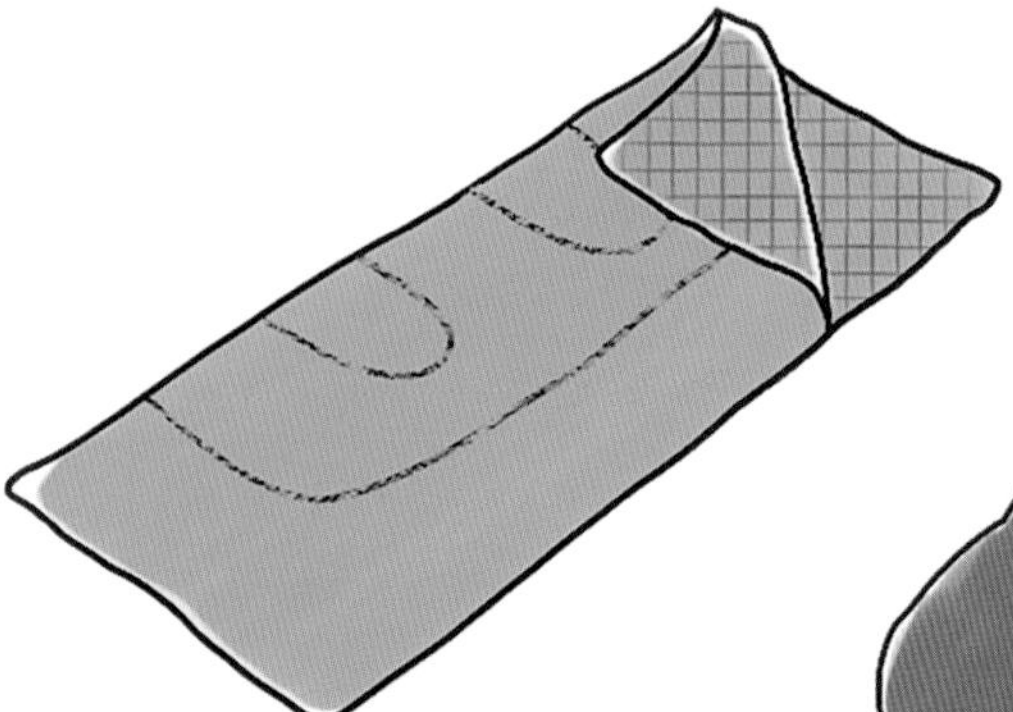

ファスナーがあるので気温にあわせて
開け閉めできる封筒型

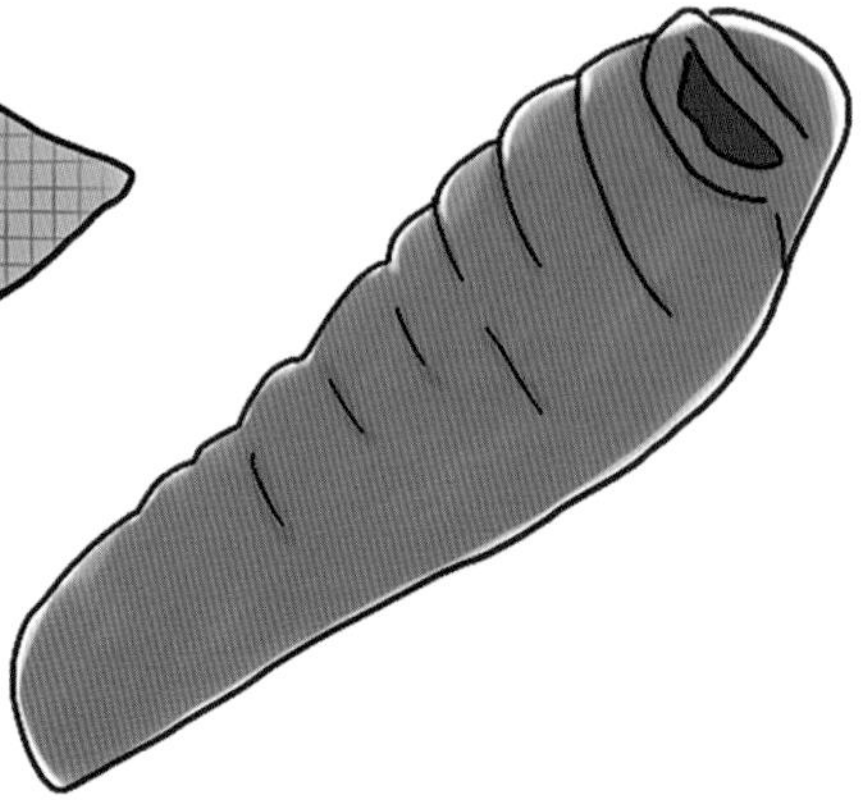

身体をスッポリ覆って暖かさを逃さないマミー型

キャンプ用寝具の選び方

季節にあった寝袋を選ぶ

キャンプで快適に眠るためには、季節にあった寝袋（シュラフ）が必要です。わたし達ははじめてのキャンプが夏だったので「寝袋がなくても大丈夫なのでは？」と、無謀にも寝袋なしで挑みました。家にあったヨガマットを下に敷き、タオルケットをかけて寝たのですが、朝起きたら身体がバキバキに（笑）。実体験からも、寝袋などの寝具は用意することをおすすめします。

寝袋の種類は、ファスナーで開け閉めできる封筒型と、サナギのような形で身体をスッポリと覆うマミー型があります。マミー型は身体にフィットするので暖かいのが特徴ですが、寒い季節にキャンプデビューするのでなければ、封筒型の方が使いやすいと思います。寝袋には「快適使用温度」が記載されているため、キャンプ場の夜の気温を事前にチェックして、適したタイプの寝袋を選びましょう。

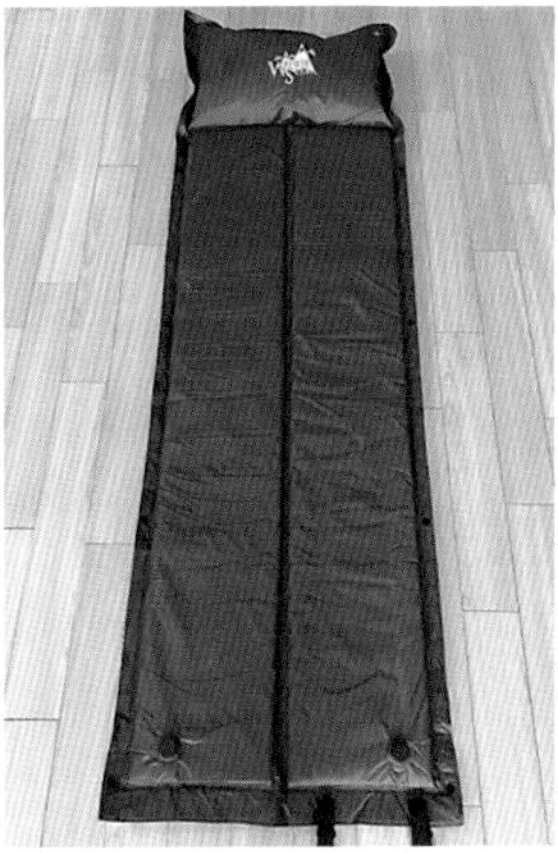

枕と一体型のインフレーターマット

寝袋以外にあると良いのはマット&枕

キャンプの寝具は、寝袋以外に「マット」と「枕」を用意しておくのがおすすめです。マットは地面のデコボコや冷えを軽減するもの。素材も様々で、ウレタンを使ったものや、空気を入れるエアマットなどがあります。わたし達が使っているのは、エアマットの中でもバルブを開けるだけで勝手に膨らむインフレーターマットというタイプ。収納時は空気を抜けばコンパクトになるのもポイント。枕と一体型のものを選んだので、枕を別途用意する必要もなしです。

寝る際の地面の影響を軽減する方法は他にもあります。例えば、テントの中にインナーマットや絨毯を敷くのもアリ。また、コットという組み立て式のベッドを使うキャンパーもいます。コットを使う場合はテント内の広さを確保する必要があるので、コットの大きさとテントの広さの関係には注意が必要です。まずはインナーマットや絨毯、寝袋の下に敷くマットなどで対策するのが良いと思います。

ランタンの種類と光量

はじめてのランタンはLEDがおすすめ

キャンプの夜を照らすランタン。種類は大きく分けて3種類。LEDランタン、ガスランタン、ガソリンランタンです。多くのベテランキャンパーが複数のランタンを使い分けていますが、わたし達が持っているのは電池で動くLEDランタン1つだけ。ガスやガソリンランタンとは違ってテント内でも使えるのがメリットです。LEDランタンが1つあれば、外でも中でも使い回せます。ただし光量が比較的劣るので、選ぶ際は明るさの単位である「lm（ルーメン）」が600lm以上のものを選びましょう。ちなみにわたし達が使うランタンは、最大で1000lmまで調節できるタイプのもの。これだけの光量があれば、自分達のキャンプサイトを照らすのには十分です。

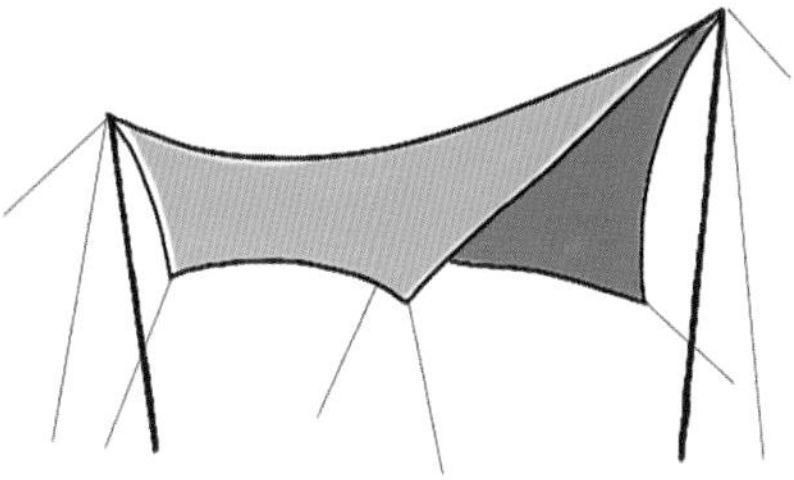

ヘキサタープ

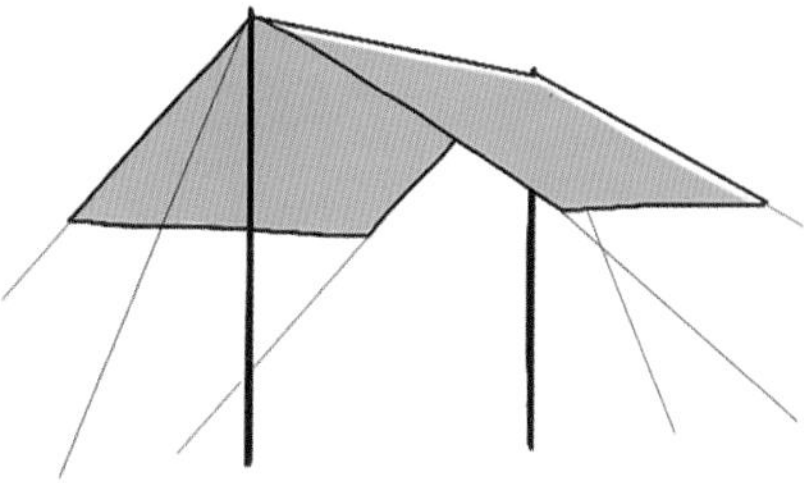

レクタタープ

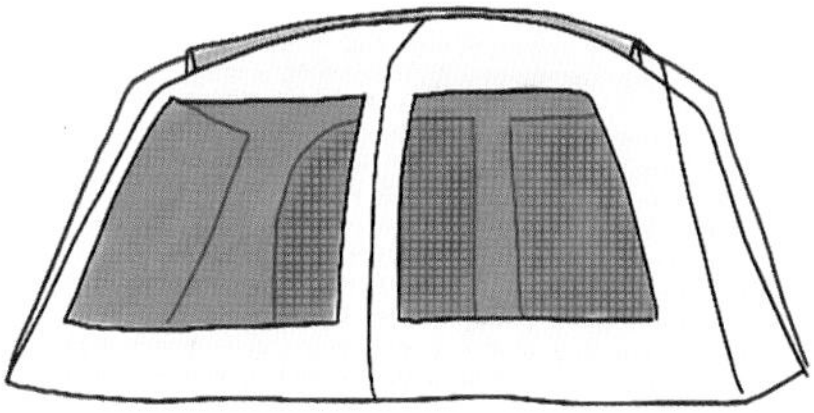

スクリーンタープ

持っておくと便利なもの

リビングスペースの屋根となる「タープ」

タープは、リビングスペースの屋根となるアイテム。わたし達は最初「タープ」という名前すら知らず……。はじめてのキャンプで、隣の夫婦キャンパーがタープを使用しているのを見て「あんな道具があるんだ」と驚いたのを覚えています。タープがあれば日差しも防げるし、雨が降っても大丈夫。特にワンポールテントなどの入り口部分に屋根がないタイプのテントを使っている場合は、雨をしのぐためにもタープと併用するのがいいと思います。

タープの種類は、テントのような形のスクリーンタープ、2本のポールで支える六角形のヘキサタープ、四角形のレクタタープなどがメジャーです。わたし達は初心者でも設営が簡単なヘキサタープを使っています。長い時間を過ごす場所の屋根となるものなので、好きなデザインを選ぶと2人キャンプの幸福度がさらに上がるかも。

2人サイズのコンパクトグリル

手軽さで言えばイチオシのシングルバーナー

折りたたみ式の焚き火台

初心者に優しい調理器具&焚き火台

キャンプ用の調理器具と聞くと、大きなバーベキューグリルをイメージする方も多いかもしれません。しかし、2人ならば手のひらサイズのバーナーか、コンパクトに運べる小さなグリルで大丈夫。バーベキューをしないなら、バーナーを使う方が片付けも楽でおすすめです。

そして、キャンプに少し慣れてきたら、夜の楽しみでもある「焚き火」にも挑戦してみましょう。地面で直接おこなう「直火」と、「焚き火台」を使う方法の2種類がありますが、直火ができるキャンプ場は限られるので焚き火台を持っておくのがベター。ゆらゆら揺れる炎を見ていると、疲れていた気持ちもホロホロとほぐれていきます。

キャンプならではの贅沢な時間、ぜひ味わってみてください。

①チェア　②インナーマット　③テント　④焚き火台　⑤夏用寝袋　⑥テーブル

わたし達のキャンプ道具

2人で楽しむための基本セット

キャンプを始めてから、道具を買い替えたり、買い足したり、不要なものを減らしたり、2人で楽しむための道具を整えてきました。そうしてわたし達がたどり着いたのは、不便ではないぐらいの最低限で、華美ではないけれども愛着がわく、そんなキャンプ道具たちです。この量ならば2人での持ち運びも大変ではないし、コンパクトカーへの積載も可能。2LDKで収納がそれほど多くない我が家でも、問題なく収納できています。

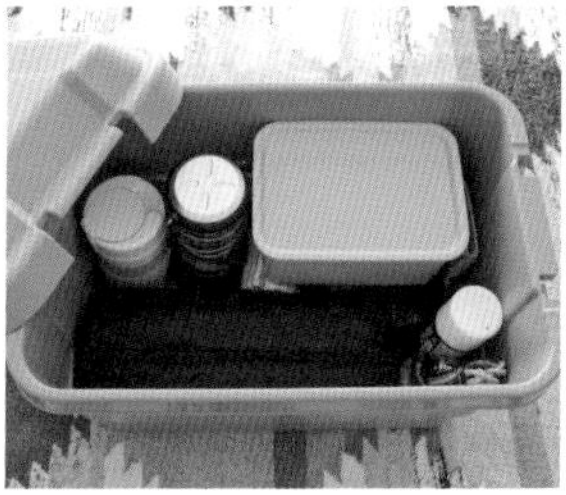

ランタンなどの小物はコンテナボックスに入れて運びます。

2人キャンプの
持ち物チェックリスト

キャンプ道具は意外に細かいものも多く、忘れ物をしてしまうこともしばしば……。
そこで、キャンプ前に持ち物をチェックできるよう、チェックリストを作りました。

最低限必要な道具一覧

テント関連

- □ テント（ロープ・ポールを含む）
- □ インナーマット
- □ グランドシート（レジャーシートでも可）
- □ ペグ
- □ ハンマー

寝具関連

- □ 寝袋（シュラフ）
- □ マット
- □ 枕

リビング関連

- □ チェア
- □ テーブル
- □ ランタン

あると便利な道具一覧

リビング関連

- □ タープ
- □ ランタンスタンド

調理/焚き火関連

- □ クーラーボックス
- □ バーナー＆ガス缶
- □ クッカー
- □ お皿
- □ コップ
- □ 箸
- □ 洗剤
- □ スポンジ&ステンレスたわし
- □ バーベキューグリル
- □ 炭
- □ 焚き火台
- □ 薪
- □ ライター
- □ 着火剤
- □ 革手袋
- □ トング（食材用/薪炭用）
- □ 厚手のアルミホイル
- □ 火消し壺
- □ バケツ

その他

- □ レインウェア
- □ ハンギングネット
- □ ウェットティッシュ（アルコールあり/なし）
- □ ラップ
- □ キッチンペーパー
- □ レジャーシート
- □ ゴミ袋
- □ 虫よけスプレー
- □ 救急セット/常備薬
- □ 予備の電池
- □ 遊び道具

失敗談
忘れ物は尽きない……

過去に何度も忘れ物をしていますが、最も困ったのはペグとハンマーを忘れた時でした。「これではテントすらたてられない」と途方にくれましたが、運良くレンタルがあるキャンプ場だったため無事設営完了。レンタル用品が充実しているキャンプ場は、本当にありがたいです……。忘れ物対策としては、チェックリストの活用はもちろん、収納時もキャンプ道具をまとめて保管しておくのがおすすめです！

COLUMN
2人
キャンプ

キャンプ道具の
収納&積載のコツ

わたし達はレンタカーでキャンプへ行くので、毎度キャンプ道具を車に積み込む作業が発生します。「いかに積載を楽にするか」を考えた結果、キャンプ道具自体もコンパクトで軽量なものを意識して選ぶのはもちろん、道具をボックスや袋に入れてまとめておくのが良いという結論に。そこで使っているのが、テントやタープが入る大容量のショップ袋と、細かい道具を入れて運べるコンテナボックス、楽に運搬できるアウトドアワゴンです。これらを活用することで、家と車の往復はだいたい1〜2回ですみますし、車に載せる際もまとまっていて積み込みやすくなりました。また、家の中で保管しておくときもスッキリと収納できます。

車の積載時に注意してほしいのは、同じ用途のものをある程度まとまった場所に載せること。例えば、テントを設営するのに必要なものを一ヶ所にまとめておけば、キャンプ場についてからスムーズにテントをたてられます。それと、クーラーボックスなどのすぐ使うものは、出しやすい場所に載せておくこと。キャンプ場に到着して「まずは飲み物でも……」と思ったときに、クーラーボックスが奥の方や一番下に積載してあったら、荷おろしから始めなければなりません。おろすときのことを考えて車に載せていくのがポイントです。

コンテナ

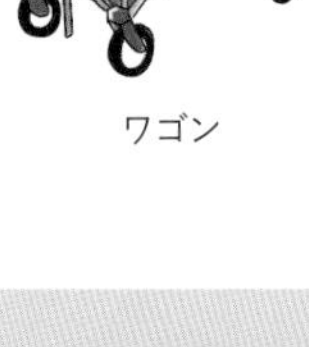

ワゴン

4

失敗しないキャンプ場の選び方

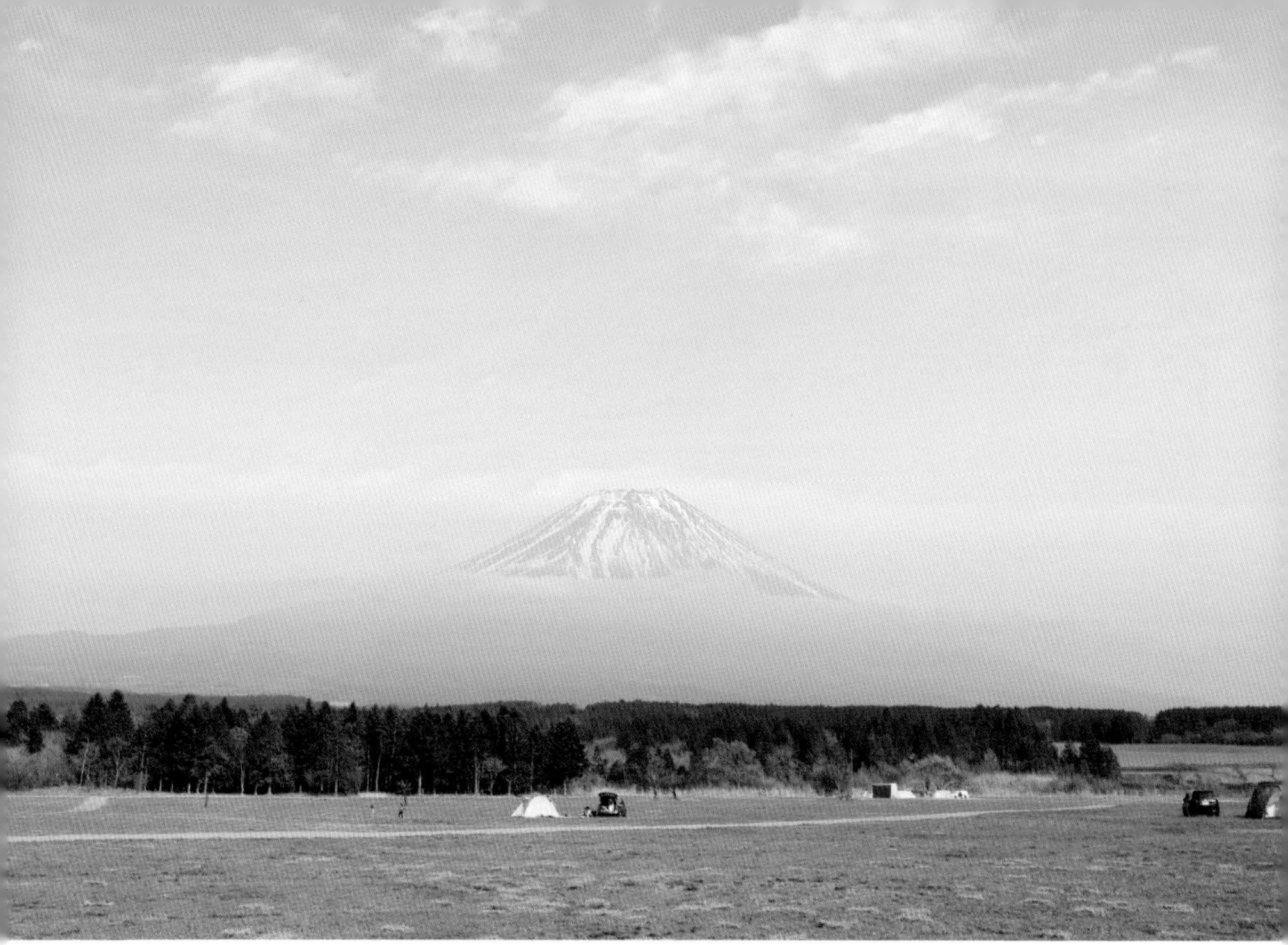

キャンプデビューするキャンプ場の選び方

初心者2人でも安心なキャンプ場

「キャンプって楽しい！」と思えるかどうかは、キャンプ場選びにかかっている気がします。わたし達がはじめて選んだキャンプ場は、管理棟が充実していたので、初心者でも安心してキャンプができました。例えば、食べ物や飲み物の販売や、ちょっとした道具の販売＆レンタルがあるなど。また、トイレやシャワーが割と綺麗な場所だったため、快適にキャンプを楽しめました。

それと、キャンプ場にはいくつか種類があるのですが、キャンプ初心者はテントの横に車をとめられる「オートサイト」がおすすめ。荷物をおろすのが楽なのはもちろん、暑すぎたり寒すぎたりする時や、雷が鳴っている時など、すぐに車に逃げ込める環境は安心感があります。

2人のキャンプスタイルにあった場所を選ぶ

キャンプの楽しみ方には、様々なスタイルがあります。ワイワイ盛り上がって楽しみたい人もいれば、わたし達のように静かに自然を味わいたい人も。自分達のキャンプスタイルを思う存分楽しめるキャンプ場を選ぶことも重要です。例えば、グループの人数に制限があるキャンプ場や、プライベート感のある区画キャンプ場など。また、連休や夏休み期間中はキャンプ場が混雑しているため、わたし達はキャンプ場が比較的空いているオフシーズンに行くようにしています。

キャンプ場を探す方法には、ネットでの検索や、SNS、キャンプの書籍や雑誌などがあります。特に2人でのんびり楽しめるキャンプ場を探すのには、Instagramや個人ブログを参考にするのがおすすめ。

Instagramの場合は「#2人キャンプ」「#夫婦キャンプ」などのハッシュタグで、他の2人キャンパーがどのようなキャンプ場を訪れているのかチェックできます。

ちなみにわたしは、SNSやブログの他にGoogleマップも活用しています。行きたいエリアで「キャンプ場」と検索すると、場所とともに口コミや写真も一緒に見られるのでとても便利です。Googleマップには「行きたい場所」を保存して地図上に目印を立てられる機能もあるので、気になるキャンプ場に目印を立てて、次のキャンプの候補地にすることも。

キャンプ場選びのポイント

・家から行きやすい距離
・管理棟が充実している
・レンタル用品がある
・トイレやシャワーが綺麗
・オートサイトがある

キャンプ場の種類

キャンプ場によって雰囲気がまったく異なるので、
どんなキャンプ場でキャンプをしたいか、イメージしつつ選んでみてくださいね。

ロケーションの特徴

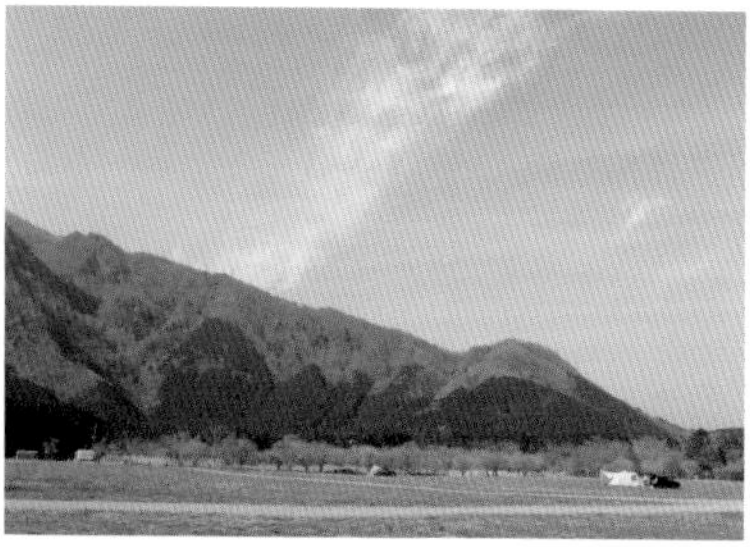

芝生サイト（おすすめ）

わたし達のお気に入りは、芝生サイト。見晴らしが良く、空が広く見えるのがポイントです。また、キャンプ場全体が整備された芝生なので、テントの設営場所を選ぶ際にも比較的迷わずにすみます。

林間サイト

木々に囲まれて、自然の中に包まれる感覚を味わえるのが特徴。日差しを遮るものが多いため、夏場は涼しいのもポイントです。他のキャンパーとの間に木々が立っている場所を選べば、目隠しになってプライベート感のあるサイトをつくれます。

河原サイト

川のそばにある河原サイト。夏場は川遊びを楽しんだり、川にチェアを置いて足を水につけて涼むキャンパーも。流れる川を眺めながら、その音を聞いているだけでもいやされます。ただし、雨や増水には注意が必要です。

海辺サイト

海の近くにあるキャンプサイトのこと。場所によっては日の出や日の入りが見えることも。また、波の音を聞きながらのキャンプは、特別感があります。ただし、海からの風が強い傾向があるので対策が必要です。

湖畔サイト

湖のほとりにあるキャンプサイト。海や川とは一味違った雰囲気で、開けた景色を楽しめます。また、波や流れがないゆえに、湖面に周囲の風景が写りこむのも幻想的。カヌーやSUPなど、湖でのアクティビティを楽しむ人も多くいます。

テントを張るスペースの種類

フリーサイト（おすすめ）

広大なスペースの中で、自分達で設営する場所を選ぶシステムです。好きな景色の場所を選べるのがポイント。基本的に先着順で場所を決めるため、早めに行かないと良い場所が埋まってしまう可能性あり。

区画サイト

区切られたスペースが、各キャンパーに割り当てられるシステム。予約ができる場合がほとんどなのがメリットです。キャンプに行く時期や、キャンプ場に到着できる時間帯を考慮して、フリーサイトと区画サイトのどちらを選ぶのかを決めるのがおすすめです。

初心者2人キャンプに おすすめなキャンプ場

実際に行ったことがあるキャンプ場のなかで、
特に初心者２人キャンプにおすすめな場所をご紹介します！

成田ゆめ牧場ファミリーオートキャンプ場（千葉県）

キャンプデビューにおすすめしたいキャンプ場です。わたし達もここではじめてキャンプをして「キャンプ楽しい!」と気づきました。管理棟が充実していて、トイレもウォシュレット付き（管理棟近くのみ）。シャワー設備も綺麗。日曜日の朝に販売される焼き立てパンや牧場の搾りたて牛乳もおすすめです。

施設詳細

住所：千葉県成田市名木730-3
料金：大人1泊2,100円、普通車1台1,400円
形態：オートフリーサイト、電源区画サイト

朝霧ジャンボリーキャンプ場（静岡県）

富士山の見えるキャンプ場。敷地が広く様々な雰囲気のサイトがあるので、毎回違う場所を選んで楽しんでいます。トイレも綺麗。また、炊事場の水道からは「富士山の天然水」が出ます。顔を洗うとキリッと冷たくて気持ち良いです。もちろん、飲用も可能。

施設詳細

住所：静岡県富士宮市猪之頭1162-3
料金：入場料大人1人1,000円、サイト利用料レギュラー通常営業日1,700円（季節変動あり）
形態：オートフリーサイト、電源付きサイト、プレミアム区画サイト

森のまきばオートキャンプ場（千葉県）

一面の芝生サイトと広い空が心地良く、わたし達が最も頻繁に訪れているキャンプ場です。お手洗いや炊事場も綺麗。場内で暮らしている羊やウサギ達を眺めるのも楽しいです。団体の利用を制限しているため、ゆったりとした雰囲気なのもおすすめポイント。

施設詳細

住所：千葉県袖ヶ浦市林562-1-3
料金：テント・タープ1張りずつ&普通車1台通常5,900円（季節変動あり）
形態：オートフリーサイト、電源区画サイト

ほったらかしキャンプ場（山梨県）

富士山と甲府盆地の景色が素晴らしいキャンプ場。絵画のような景色を眺めながら過ごす1日は格別。お手洗いなどの施設も驚くほど清潔に保たれています。徒歩3〜4分の距離には人気の「ほったらかし温泉」も。夜は夜景と星空も綺麗です。

施設詳細

住所：山梨県山梨市矢坪1669-25
料金：サイト利用料1,500円〜&宿泊料金平日1,500円/休前日2,000円（季節変動あり）
形態：区画サイト、ハナレサイト、ダイノジサイト、ほったらかしサイト、フリーサイト、小屋付きサイト兄、弟（いずれもオートサイト・電源はオプションにて利用可能）

COLUMN
2人キャンプ

キャンプ場選びの失敗談

今でこそ、キャンプ場選びもだいぶ上手くなりましたが、最初のうちは失敗も多かったです。例えば、まだキャンプ2回目の初心者なのに、かなり玄人向けのキャンプ場を選んでしまったことも。管理棟もなく、炊事場もないキャンプ場。その日は自分達以外にもう1組のキャンパーしか来ておらず、静けさはバッチリでしたが逆に静かすぎて不安になるほど。「キャンプ場選びって重要なんだな」と、その時に実感しました。

また、アウトドアシーズンの週末にキャンプへ行って、夜中まで焚き火を囲んで話しているグループのせいでなかなか眠れなかったこともありました。ひょっとしたら本人たちは静かに語らっているつもりだったのかもしれないけれど、夜のキャンプ場は静かで、声が響いてしまうんですよね。そのキャンプ場では消灯時間が21時と決まっていたため、そもそもルール違反なのですが、やはりキャンプをする人が多いシーズンほどルール違反をしてしまうグループがいる確率も上がります。ちなみにその時は、イヤホンを耳栓代わりにして、どうにか眠りにつきました（笑）。

そういう意味では、やはりグループ制限のあるキャンプ場の方が夜中まで騒ぐ団体との遭遇率は低くなり、2人キャンプを静かに楽しみやすいと思います。例えば、家族以外のグループは受け入れていないキャンプ場もありますし、「グループの人数は5名まで」など制限があるキャンプ場もあるため、そういった静かに自然を楽しみたい人たちが集まるキャンプ場を選ぶのも手です。

5

キャンプ初心者にベストなシーズン

デビューは春がおすすめ

春キャンプは花々と若芽の緑に囲まれて

はじめての2人キャンプには、春がおすすめです。特に4月下旬から5月の間は暑くもなく寒くもなく、やわらかい日差しのもと、のんびりと楽しめます。花の彩りや、若芽のやさしい緑に囲まれると、なんだか気持ちもウキウキ。

春をおすすめする理由は、もう1つ。正直に言えば個人的なキャンプのベストシーズンは「秋」なのですが、それでもあえてキャンプデビューに春を推すのは、春にキャンプをしてその楽しさを実感できたなら、その後夏も秋も同じ道具で楽しめるから。冬のキャンプは防寒対策で新たな道具が必要だったりするので……。だからこそ、春から始めて、もし「またすぐにキャンプに行きたい！」と思ったら、夏と秋のキャンプも楽しんでもらえればと思います。

夏キャンプは涼を求めて高原へ

夏のキャンプは、高原がおすすめ。標高が１００m上がると気温が0・6℃下がると言われていますから、標高が高いキャンプ場へ行けば、比較的涼しくキャンプができます。ただし、夏はアウトドアシーズン真っ盛りなので、混雑しているキャンプ場も多いです。特にお盆休みは家族連れやグループが多く、2人で静かに楽しむのはなかなか難しいかも。そんなワケで、静かに楽しみたいわたし達は7月上旬に夏キャンプを楽しみます。

一般的な夏キャンプの定番と言えば、川遊びなどの「夏ならではの遊び」だと思いますが、個人的に2人キャンプをする人におすすめしたいのが、夏の空の観察です。特に夏ならではの入道雲が、濃い水色の空にもくもくと浮かんでいる様子を見るのが好き。青々とした木々に囲まれながら、真っ白な雲が浮かぶ空を眺めるのは、夏キャンプならではの楽しみです。チェアの向きを変えたり、芝生に寝転んだりすると、また違った景色が見えてくることも。

秋は読書でまったりキャンプ

秋は、個人的に最もキャンプが楽しい時期です。紅葉の落ち着いた色合いも好き。日中の日差しもそれほど強くなく、少しキリっとした冷たい風が吹く感じも心地良いです。

そんな大好きな空気の中で、ゆっくりと本を読むのが特別な時間。空を見上げれば秋のうろこ雲、周りを見渡せば色づく木々、目の前にはお気に入りの本とコーヒー。この上なくしあわせな「読書の秋」の楽しみ方です。

また、秋はキャンプファッションも楽しい時期だと感じます。暑さ対策も寒さ対策もそれほど必要がなく、何も考えずに好きな服装ができるからです。それほど服をたくさん持っているわけではありませんが、お気に入りのアイテムを身に付けているだけで気持ちもはずみます。

冬は焚き火と星空で特別な夜を

　初心者にはちょっとハードルが高い、冬キャンプ。冬用のキャンプ道具が必要だったり、防寒対策のアイテムが必要だったりで、玄人向けのシーズンです。ただし、オフシーズンだけあって静けさは抜群。春から秋のキャンプに慣れてきて、冬キャンプにも興味が出てきたらチャレンジしても良いかもしれません。

　雪が積もる中でのキャンプになってしまうと、いろいろと知識やテクニックも重要になってくるので、個人的なおすすめは雪がない場所でのキャンプ。服装やホッカイロなどの寒さ対策と、気温に耐えられる寝袋の用意があれば挑戦できます。

　冬キャンプの一番の楽しみは、夜に広がる満天の星。冬の澄んだ空気の中、焚き火で暖を取りながら見上げる星空。パチパチと燃える焚き火の音を聞きながら、目の前に広がる嘘みたいな空を見ているだけで、2人にとって特別な思い出になります。

キャンプの服装のポイントは「気持ちがはずむこと」

キャンプでの服装は、自然を楽しむためのポイントをおさえつつも「自分の気持ちがはずむ服」を着ればOK。季節ごとのキャンプファッションのポイントを、男女ともにご紹介します！

春

キャンプ場の朝晩は思った以上に冷えるので、夜は暖かいアウターが必要な場合も。一方、日中は紫外線にも注意です。「夏ではないから」と油断していると、結構日焼けしてしまったり。帽子で頭皮や耳を日差しから守るのもおすすめ。

マウンテンパーカーなどの
羽織りものが便利

スカートを履く場合は
下にレギンスやタイツを着用

POINT

・体温調節できる長袖の羽織りものがおすすめ
・紫外線対策として帽子を被る
・朝晩冷えるので靴下は厚めで

夏

熱中症にならないよう、とにかく涼しさを意識したコーディネートを。ただし、夏のキャンプ場は蚊やアブ、ブヨなどの虫も多いため、露出はなるべく減らしたいところ。半袖にショートパンツ、レギンスなどで軽やかなファッションにするのがおすすめです。もちろん、日射病にならないためにも帽子は必須で！

暑がりな夫は日中短パン+虫よけ、
アブやブヨが出る夕方からはレギンス着用

麦わら帽子は汗をかいても
蒸れにくいのでおすすめ

POINT

・半袖の場合は日焼け止め&虫よけをしっかりと

・足元が虫に狙われやすいのでレギンス着用がおすすめ

・帽子は通気性の良い麦わら帽子やメッシュキャップが優秀

秋

身体が冷えないように、体温調節ができる格好で。スウェット生地やコーデュロイ生地のファッションは、暖かさと秋らしさも兼ね備えていておすすめです。風が冷たいので、マウンテンパーカーなどの風を通しにくいアウターを1枚持っておくと◎。

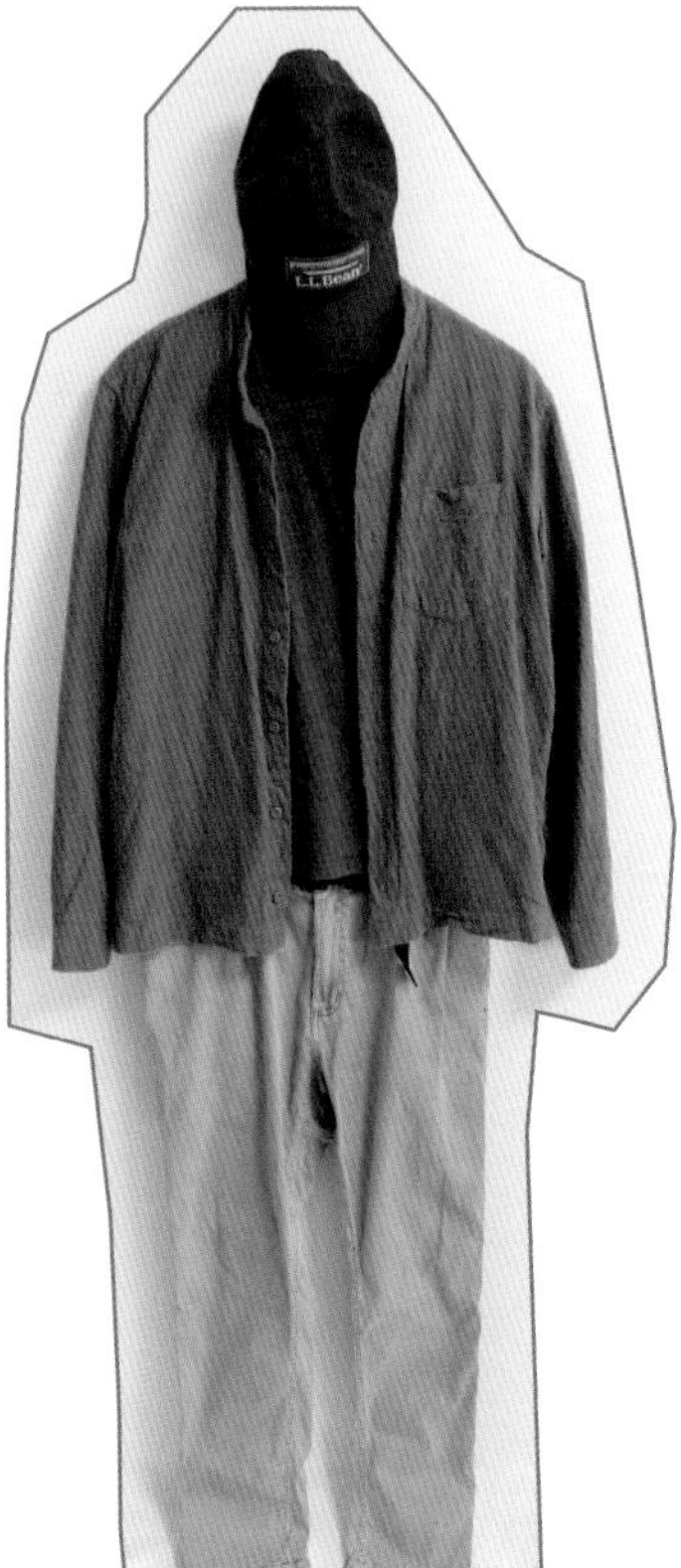

重ね着で体温調整を

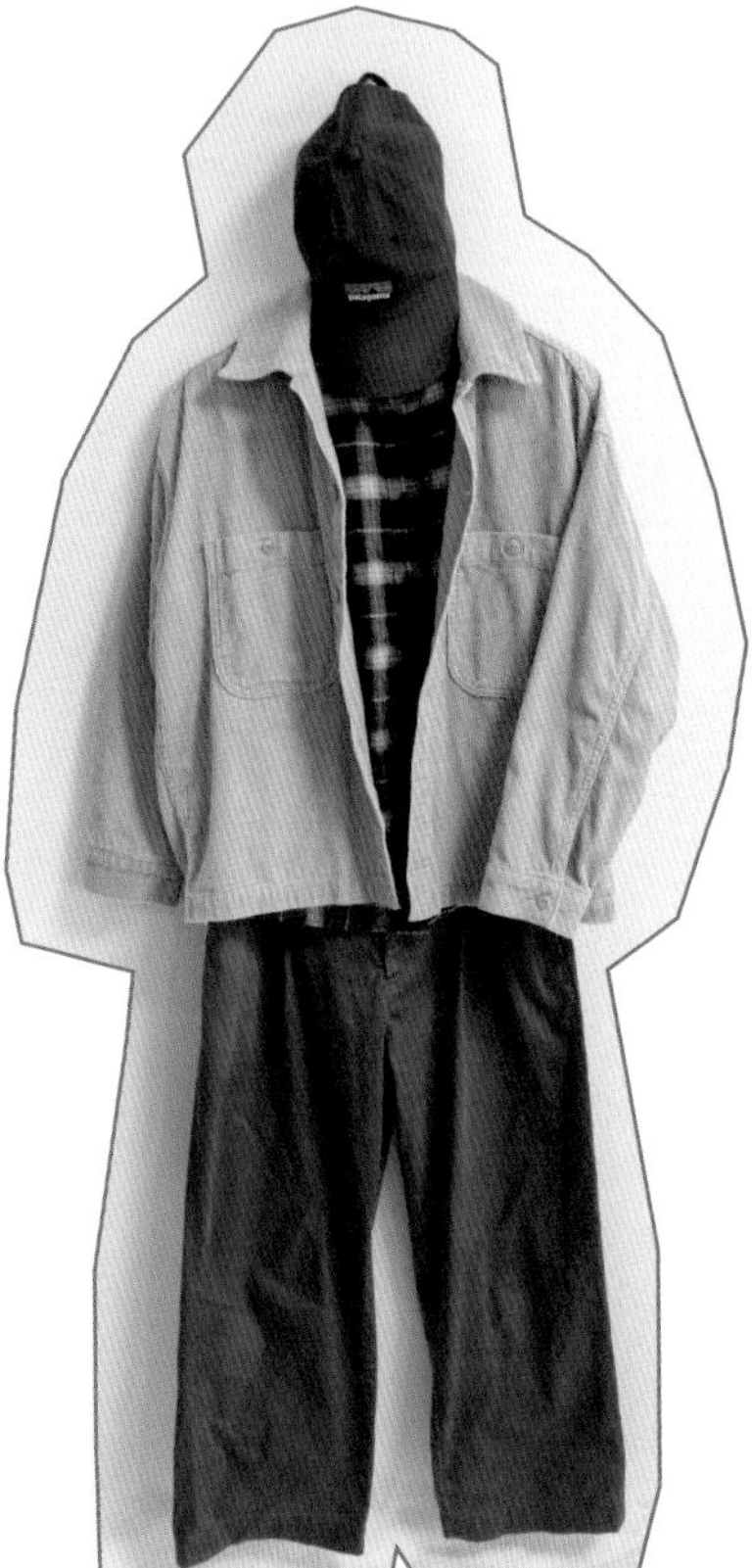

秋らしい色合いでファッションも楽しむ

POINT

・暖かい生地の服で防寒対策
・風よけのアウターを1枚持っておく
・夜は冷えるのでブランケットなどを用意

冬

とにかく重ね着をして、寒さに耐えられる服装を。ダウンの暖かさは段違いなので、絶対に1着は持っておきたいところです。足元も寒いので、厚手の靴下は必須。靴はハイカットのアウトドア用ブーツなどがおすすめです。

ニット帽で頭も暖かく

しっかりとしたダウンで完全防寒

POINT

・やりすぎだと思うぐらい重ね着していくのがおすすめ

・ダウンは1着持っておきたいところ

・靴と靴下で足元の防寒対策を

COLUMN 2人キャンプ

季節によって準備すべき道具が変わる

夏と冬ではファッションが異なるのと同じように、一部のキャンプ道具も季節によって揃えるべきものが変わります。その代表格が「寝袋」です。夏に使う寝袋は薄くて通気性の良いものがいいけれど、冬に使うのならばダウン素材の暖かいものがいい。春と秋は微妙なところで、春先や晩秋にキャンプするのであれば、冬用に近い防寒対策ができるものの方がいいかもしれません。

もうひとつ、キャンプを始めるまで知らなかったのですが、テントも季節によって変えるのがベター。夏であれば風通しの良さがポイントで、テントの一部がメッシュ素材になっているものが良かったり。一方で冬の場合は保温性が重要なので、むしろ風が通らないように、テントの下部にスカート（地面近くの風を防ぐ部分）がついているものが好ましいです。多くのテントは春〜秋の3シーズン用で、冬までカバーできるものは4シーズン用と呼ばれます。最初にキャンプ道具を選ぶ際に、自分達のスタイルと「いつキャンプに行くのか」を考えて購入するのが良さそうです。

他にも、夏なら扇風機などの暑さ対策グッズ、冬なら湯たんぽなどの防寒対策グッズが必要になるので、キャンプ用のアイテムがどんどん増えてしまうことも。……ということで、わたし達の場合、真夏と真冬はほとんどキャンプに行かないんです。荷物を増やしたくないのと、暑さや寒さを我慢してまで頑張らなくても良いかな、という考えです。年中キャンプを楽しむ人もいれば、わたし達のようにライトに楽しむ人もいて、どちらもアリなのがキャンプの懐の深さだと思います。

6

初心者でも簡単2人キャンプご飯

手間をかけずにおいしいキャンプご飯を作る

調理を簡単にするためには「下準備」がカギ

のんびり過ごす時間を増やしたいから、キャンプご飯もできる限りラクしたい。というのも、実は料理が苦手なのです……。だからこそ、とにかく手間をかけずにおいしいキャンプご飯を作るのがモットー。現地での調理を簡単にするためにあらかじめ下準備をしていったり、片付けがラクになるような工夫をしたり。

それと、結構驚かれるのですが、包丁やナイフも持っていきません。野菜やお肉を切る場合はキッチンバサミを使います。とはいえ、下準備をしていくので現地で食材を切ることはほとんどないんですけどね。

また、持参する調味料も塩コショウ、醤油と最低限のものだけ。とにかく調理を簡単に、頑張らなくてすむように。そんな感じでもキャンプご飯って作れるんだと思ってもらえたら嬉しいです。

キャンプご飯をラクにする3つのポイント

アルミホイルは簡単キャンプご飯の必須アイテム

料理の後片付けをラクにしてくれるのが「アルミホイル」です。例えばバーベキューをするのなら、グリルの炭受け部分にあらかじめアルミホイルを敷いておけば、食材から滴る油も全部受けとめてくれるのでグリル本体を洗う必要がなくなります。他にも、ホイル焼きをするなどの活用方法も。

炊飯が面倒なら冷ご飯を持っていくのもアリ

キャンプご飯と言えば「飯ごう」ですが、わたしはうまく炊けるか不安な上に「米粒がついた飯ごうを洗うのが面倒……」と思ってしまう超ズボラなため、家から冷ご飯を持参します。それを炒飯にして食べれば、ラクだしおいしいので一石二鳥。

調理が簡単な地元食材を手に入れるとワクワクが増す

とにかく調理をラクにしたいとは思いつつ、キャンプの特別感もほしい。そんな時は、近くの道の駅などでその土地の食べ物を手に入れます。お土産用のチルド食品などは、温めるだけ、焼くだけ、茹でるだけなど調理が簡単なものも多いのでおすすめ。

超簡単2人キャンプ
ご飯レシピ

わたし達の「定番キャンプご飯レシピ」を4つご紹介します。
どれも簡単なのにおいしいレシピばかりなので、ぜひ作ってみてください!

下味を付けて焼くだけ♪ ラクチン焼鳥&焼肉

材料(2人分)

・鶏もも肉:200g
・牛カルビ:200g
・豚バラ:150g

タレ味付け

・焼肉のタレ:適量

塩味付け

・塩:適量
・にんにく:適量
・ごま油:適量

下準備:チャック付きの食材保存袋に肉を入れ、タレ味付け、塩味付けそれぞれの調味料を入れてもみこみ、冷凍しておきます。

1. 肉の解凍具合を確認し、適宜クーラーボックスから出して自然解凍します。
2. フライパンや鉄板、網で焼いて完成!

注意点

凍ったままだと焼けるのに時間がかかり、お肉の表面が乾燥して固くなってしまうこともあるので、焼く前にしっかり解凍しておくことが重要です。

ポイント

下味が付いているので食べる時に調味料を付ける必要はなく、お肉に味がしみ込むのでおいしいです。鶏肉は大きいサイズだと焼けるのに時間がかかるので、一口サイズに切っておくのがおすすめ。

冷ご飯でラクラク高菜チャーハン

材料(2人分)

・冷ご飯:茶碗2杯分
・高菜(食べやすく切ってあるもの):80g
・サラダ油:大さじ1
・ごま油:大さじ1
・醤油:大さじ1
・コショウ:少々

1. フライパンでサラダ油を熱し、冷ご飯を入れて少し炒めます。
2. 高菜を入れ、混ぜ炒めます。
3. 醤油とコショウを加え、最後に香りづけでごま油をかけてサッと混ぜたら完成です。

注意点

使っているフライパンの大きさによって、分量は調節してください。

ポイント

ご飯を炊かなくても温かいお米が食べられるレシピ。少ない調味料でおいしく味付けできます。卵を持っていく余裕があれば、卵も一緒に炒めると彩りが加わって見た目も華やかに。

ほったらかしでOK! エビとブロッコリーのアヒージョ風ホイル焼き

材料(2人分)

・冷凍の大粒むきえび:150g
・ブロッコリー:100g
・にんにくチューブ:3cm
・オリーブオイル:適量
・塩コショウ:適量

1. アルミホイルをお皿のように成形して、オリーブオイル、塩コショウ、にんにくチューブを入れます。家庭用のアルミホイルを使う場合は二重にしましょう。
2. えびとブロッコリーを入れて、アルミホイルをしっかり包みます。
3. 弱火で約15～20分ほど蒸し焼きに。具材に火が通ったら出来上がりです。

注意点

蒸し焼きに時間がかかるので、バーベキューのスタートと同時に焼き始めておきましょう。

ポイント

アルミホイルをしっかり包むことが重要です。片付けもアルミホイルを包んで捨てるだけなので簡単。おつまみとしても大活躍なレシピです。辛いのが好きな人は鷹の爪を入れるのもおすすめ。

忙しい朝に! 挟んで焼くだけホットサンド

材料(2人分)

・サンドイッチ用パン:4枚(2セット分)
・ハム:2枚
・チーズ:2枚
・お好みでレタスなど
・お好みでケチャップなど

1. ホットサンドメーカーにハムとチーズを挟んだパンをのせます。
2. 弱火～中火で片面2分ずつ焼きます。ただし時間は目安なので、パンが焦げていないか確認しながら焼きましょう。
3. 両面がこんがり焼けたら完成です。

注意点

ホットサンドメーカーはもちろん、パン自体もとても熱いので、取り出す際はヤケドに気を付けてください。

ポイント

ホットサンドメーカーの大きさによっては、耳付きの食パンが入らない場合も。わたし達のホットサンドメーカーも小さめサイズなので、耳なしのサンドイッチ用のパンか、イングリッシュマフィンなどを使うことが多いです。

使っているシングルバーナーはスマホとほぼ同じくらいのサイズ感

2人キャンプで おすすめな調理方法

とにかくラクしたいならシングルバーナー

調理をとにかく簡単にしたいときは、シングルバーナーを使うのがおすすめ。手のひらサイズのコンパクトな調理器具で、普段の料理と同じようにフライパンや鍋などを使って調理します。

フライパンや鍋は家で使っているものでもＯＫですが、持ち運びのことを考えると、キャンプ用のものを購入した方がラクです。キャンプ用の調理器具のことを「クッカー」と呼び、大きさや形も様々あります。最初はフライパン・鍋・やかんがセットになったクッカーを購入してみたのですが、わたし達の場合はフライパンしか使わなかったため、今ではフライパンだけを持っていくように。また、安いものを買ったら焦げ付いてしまって結局すぐに買い直すはめになったので、しっかりとしたメーカーのものを買うのがおすすめです。

普段使っている成型炭と焚き付け

初心者でも簡単！
炭火焼きバーベキューのポイント

先にシングルバーナーをおすすめしたものの、「やはりバーベキューの方がキャンプ感が出るよなあ」と感じる人も多いと思うので、2人キャンプで簡単にバーベキューをするポイントもご紹介します。バーベキューは準備が大変なイメージがあるかもしれませんが、便利アイテムを使えばそれほどめんどうではないんです。

まずはバーベキューグリルについて。2人で使うならば小さなグリル、または七輪などで十分です。ファミリーやグループが使うような大きなグリルだと片付けが大変なので、あまりおすすめしません。

そして炭の火起こしは、すぐに着火できる成型炭を使えばあっさりと火がつきます。わたし達はさらにラクをするために「文化焚き付け」という着火剤も併用しているので、着火剤に火をつけるだけで瞬時に火起こしが完了。本当に簡単なので、ぜひ挑戦してみてください。

ハンドドリップでコーヒー時間を味わおう

豆を挽いてじっくり抽出を楽しむ

キャンプの朝、やわらかい朝日とコーヒーの香りに包まれながら過ごす時間。ひんやりとした空気の中で飲むコーヒーが、とても好きです。普段からハンドドリップで淹れているので、キャンプにもコーヒー器具を持参してドリップすることも。インスタントコーヒーも手軽で良いですが、のんびりな2人キャンプの時間こそ、じっくりとコーヒーの抽出を楽しむのもおすすめです。

　ドリップコーヒーに必要な器具は、お湯が沸かせるポット、豆を挽くミル、ドリッパーとフィルターのみ。自宅で使っているものでも良いし、持ち運びやすくコンパクトになるキャンプ用のものでも良いと思います。わたし達はキャンプ用のミルと、１００円ショップのドリッパーとフィルター、家でも使っているポットを使用しています。

左からマグカップ・ドリッパー、ミル、豆、ポット

ハンドドリップコーヒーに必要な器具と手順

1 コーヒー豆を挽きます。1人分はだいたい10gぐらい。
事前に計って持っていくとラクです。

2 ドリッパーをセットして挽いた粉を入れます。

3 お湯を注いで抽出します。「の」の字を書くように注ぐのがポイントです。

＼ 完成です ／

COLUMN
2人キャンプ

キャンプご飯は、インスタントだってアリ!

キャンプ雑誌を見ても、Instagramを見ても、おしゃれなキャンプご飯の写真ばかり……。食べることは好きだけれども料理が得意ではないわたしは、華やかなキャンプ料理を見るたびに気おくれしてしまいます。お恥ずかしながら、バーベキュー用の食材を切ったり、下味をつけたりすることすら、面倒なんです……(超ズボラ)。

わたしほど料理に対してズボラな人は少ないかもしれませんが、もし「キャンプご飯って面倒だな」と思ってしまう人がいるとしたら、声を大にしてお伝えしたい。

「**キャンプご飯、インスタントだってアリです!**」

むしろ、それで気が楽になってキャンプが楽しめるのならば、インスタントの方が良いと思います。わたし達がよく食べるのはカップラーメン。寒い夜、焚き火を囲んで食べる〆の熱々ラーメン。最高です。他にも、お湯を注ぐだけのカップスープや、袋ごと湯煎するだけで食べられるカレーやパスタソースを使った料理など。もちろん、コンビニやスーパーのお惣菜だってOK。要するに、キャンプだからといって気合いを入れなくて良いのです。

それと、料理を簡単にすることももちろんですが、片付けを簡単にする工夫も重要。コップはお茶を飲んだだけならウェットシートで拭いてすませることも。使ったお皿やフライパンもキッチンペーパーなどで拭いてから洗うと、洗い物の手間が少なくなります。

とにかく頑張らずに、おいしく楽しくご飯が食べられれば良いんじゃないかな。

7

はじめての焚き火

焚き火の魅力

キャンプの夜を味わう贅沢な時間

日々の生活はどんどん効率化し、無駄をなくすことが正しいような雰囲気すら感じるこの頃。たしかに効率的に進めた方が良いものもあるけれど、なんとなくそんな日々に息苦しさを感じることもあって。そして、それはきっと「ゆらぎ」が足りていないからじゃないかと思っています。

キャンプはまさに、自分にとって足りていない「ゆらぎ」を全身で感じられる場所です。風に揺れる木々、川の流れ、波が行ったり来たりする海。規則的なように見えて、常に心地良い不規則性を含んだゆらぎ。そこにぜひプラスしてほしいのが、焚き火です。ゆらめく炎は、見ているだけで頭の中が空っぽに。パチパチと燃える音を聴きながら、キャンプの夜を味わう贅沢な時間になります。

焚き火は思っているより難しくない

キャンプを始めたばかりの頃は「焚き火は難しいもの」と思っていました。そのため最初は焚き火には挑戦せず、4回目ぐらいのキャンプでようやくデビュー。はじめはコツがつかめず火を起こすのに苦労するも、要領をつかめばこれまでの心理的ハードルはなんだったんだろうと思うほど簡単で、しかも楽しい。今ではわたしも夫も焚き火の管理（タイミングを見て薪を追加するなど）をやりたがるので、取り合いになることもあるほどです。

キャンプ場によっては地面で直接焚き火ができる「直火OK」の場所もありますが、芝生のキャンプ場などは直火NGの場合も多いため、専用の「焚き火台」というアイテムを持っておくのがおすすめです。焚き火をしやすいのはもちろん、片付けもラクなので初心者でも気楽にデビューできると思います。

初心者向け焚き火のやり方

こだわるほど奥が深い焚き火の世界ですが、まずは簡単にできる「初心者向けの焚き火のやり方」を試してみてください。ここでは焚き火台・市販の着火剤・ガストーチを使った方法をまとめます。

着火の手順

1 **焚き火台に細めの薪を3本置く**

最初から極太の薪を置くと着火しにくいので、細めの薪を選びましょう。

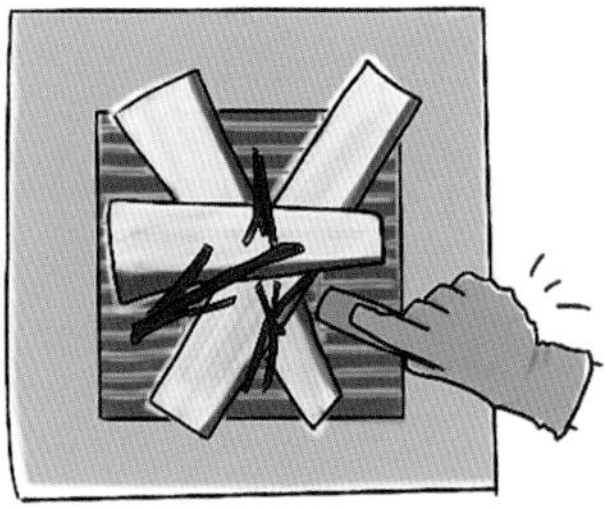

2 **薪のスキマに着火剤・小枝を置く**

もしも乾燥した小枝が手に入る場合は、薪にもたれかかるように置きます。

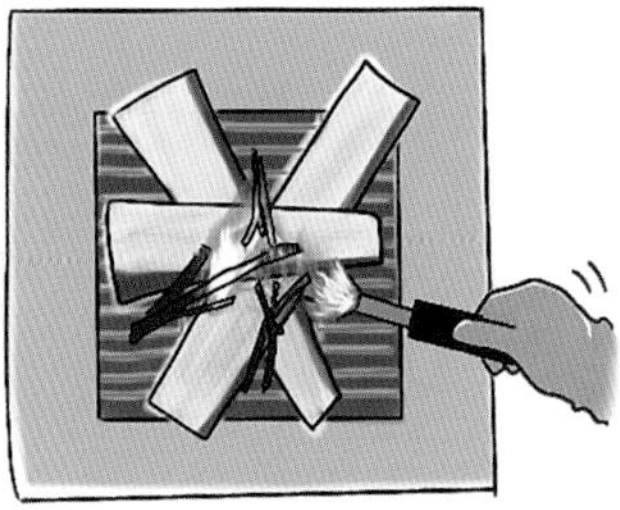

3 **着火剤に点火する**

着火剤は火を近づけるだけで勢いよく着火するので、必ず革手袋を着用し、注意して行いましょう。

4 **薪に着火するまで待つ**

薪に火がつくまでは少し時間がかかります。焦って薪を足したり組み替えたりすると火が消えてしまうので、じっくり待ちましょう。

5 **火が安定してきたら薪を1本ずつ追加していく**

炎が大きくなってきたら、次の薪を足しましょう。新しい薪に着火するまでには時間がかかるため、炎が大きいうちに足すのがポイントです。

焚き火の注意点

直火NGのキャンプ場では必ず焚き火台を使おう

直火OKのキャンプ場は問題ありませんが、禁止されている場合は必ず焚き火台を使いましょう。自然の中で楽しむのならば、自然にもやさしいスタイルで焚き火をするのがキャンパーのマナーです。

芝生の上で焚き火するなら「焚き火シート」を使うのがおすすめ

焚き火台を使っても、下が芝生の場合は焚き火台からの熱で芝生が枯れてしまう場合も。焚き火台の下に防熱の保護シートを敷いておくと、芝生を傷めることなく焚き火ができます。

消火の手順

基本は自然に鎮火するまで待とう

水をかけると煙が上がってしまうのと、焚き火台が傷んでしまうので、自然に火が消えるまで待ちましょう。その時間も逆算して、最後の薪を追加するのがおすすめです。

鎮火させたい場合は火消し壺を使おう

熾火（おきび：赤く熱した炭火）になっている薪をすぐに消火したい場合は、火消し壺を使いましょう。

灰や炭の処分は各キャンプ場のルールに従おう

キャンプ場には、炭や灰専用の捨て場が用意されている場合が多いです。それぞれのルールに従って処分しましょう。

左から焚き火台、革手袋、薪、焚き火シート、焚き付け、長めのトング

焚き火に必要なアイテム

道具の選び方

さまざまな大きさや形がある焚き火台ですが、わたし達が使っているのは2人キャンプにちょうど良いサイズ感のものです。選ぶときは大きさや重さ、組み立て方の簡単さなどをチェックして、お好きなものを選んでみてください。

焚き火台以外に必要な道具としては、トング、革手袋、着火剤があります。トングは火のついた薪を動かすので、柄が長めのものがおすすめ。また、焚き火の管理をする際は、やけど防止のために革手袋を必ず着用しましょう。

着火剤は、オイルを含んだ固形のものを使っています。他にも、新聞紙や小枝、松ぼっくり、牛乳パックなども焚き付けとして使えますが、念のため市販の着火剤も持っておくと安心です。

薪があまったら、次の日の朝も焚き火をして、使いきっています。

薪は2種類ある

薪はキャンプ場で販売されていることが多いので、到着してから購入するのがおすすめ。念のため、販売があるかどうか事前に確認しておきましょう。ちなみに薪の種類は大きく分けて2種類。燃えやすい針葉樹と、燃えにくい広葉樹です。燃えやすい針葉樹は、すぐに火が付くので火起こしにぴったり。ただし、燃え尽きるのも早いです。一方で燃えにくい広葉樹は着火しにくいものの、一度火がつけば長持ちします。どちらも販売がある場合は、両方手に入れて使い分けるとコスパが良いです。

量の目安は1泊で2束程度

焚き火をはじめたばかりの頃は、どれくらいの薪が必要か検討もつかず、少なすぎたり、大量にあまったり……。現在は、夜に3〜4時間焚き火をする場合、針葉樹だけなら2束を目安にしています。薪を追加するスピードや一度に燃やす本数によっても大きく変わるので、あくまで目安にしてもらえればと思います。

知っておきたい焚き火のコツ

焚き火を安全に楽しむには、事前にコツや注意点を知っておくと安心です。ここでは、焚き火初心者だったわたし達が実際に試しながら学んできたことをまとめました。

焚き火に適した服装ってあるの?

化学繊維素材の服は燃えやすいので避けましょう。コットンやデニムなどの燃えにくい素材や、アウトドアメーカーが出している難燃素材のファッションがおすすめです。

火がつかないときはどうしたらいい?

着火剤を使用しても薪に火がつかない場合は、薪が太すぎるか湿っている可能性があります。乾燥した細めの薪を投入してみましょう。また、小枝なども薪のまわりに入れておくと火がまわりやすくなります。

火が消えないときはどうしたらいい?

薪が完全に燃え尽きるまでには、意外と時間がかかります。炎が上がっていなかったとしても、まだ火がついている状態の「熾火《おきび》」になっていることも。燃え尽きるまで燃やし続けるか、火消し壺に入れて消火しましょう。

薪が激しくパチパチ弾けて怖い！

水分を含んだ薪は、炎で熱すると水蒸気爆発を起こし激しくパチパチと爆《は》ぜるので、焚き火の際は乾燥している薪を使いましょう。また、夜の間に露で湿ってしまう可能性もあるので、地面には直置きしないよう工夫するのがおすすめです。

火の粉でタープやテントに穴があいてしまった！

一般的なテントやタープは化学繊維が使われているため、少し火の粉が飛んだだけで穴があいてしまうことも。距離をしっかり離して焚き火をしましょう。あいてしまった穴はメーカー補修に出すか、小さい穴であればリペアシートなどを活用して自分で補修します。

COLUMN
2人キャンプ

薪割りをしなくても焚き火はできる!

「焚き火といえば薪割り」というイメージがあると思いますが、わたし達が焚き火をするときは、薪割りはしていないんです。「薪を割るのが面倒くさい」と思ってしまうズボラキャンパーなので……。

薪を割らなくてもちゃんと焚き火ができるのは、販売されている薪と着火剤を使っているからこそ。キャンプ場で販売されている薪は既にある程度割ってくれているし、それをうまく組めば、しっかり火がつきます。購入した薪が割と太いものばかりだった場合は、キャンプ場内で小枝を拾えば問題ありません。そんなこんなで、薪割りをせずとも楽しく焚き火ができています。

また、焚き火台のサイズも重要です。わたし達が使っている焚き火台は、太い薪でものせられるサイズ感としっかりした造りで、割っていない薪をのせても大丈夫なものです。ソロキャンプ用のコンパクトな焚き火台などは、薪を細くしないと入らないかもしれないので注意。

とはいえ、キャンプ好きの多くは、薪を割るという作業自体も楽しんでいるようです。無心で薪を割る時間も特別なのだと聞きます。もちろん、そういう楽しみ方も素敵だなと思いますし、キャンプ場に響く薪割りの音を聞くのも好きです。ただ、自分達はそこをショートカットして、気軽&手軽に楽しんでいるので、薪割りにハードルを感じている方がもしいるとしたら「薪を割らなくても焚き火はできるよ」と伝えたいところです。

8

心地良く過ごすためのサイトレイアウト

自然の中で快適に過ごすための陣地づくり

テントを設営する場所選び

フリーサイトのキャンプ場の場合は、自分でサイト（テントを設営する場所）を選ぶ必要があります。適当に決めてしまうと設営が大変だったり、寝心地が悪かったりすることも。わたし達はそんなことを知らずに「ここで良いか！」と適当に決め、何度も痛い目を見てきました（笑）。そんな経験もふまえて、自然の中で快適に過ごす陣地をどうやって決めれば良いのか、ポイントをお伝えします。

平らな場所を選ぶ

自然の地形を活かしたキャンプ場も多いため、平らな場所を見極めて選ぶ必要があります。以前、キャンプ場へのチェックインが遅れて良い場所が残っておらず、やや斜面の場所に陣取ったところ、就寝時に寝袋ごと2人して滑ってしまいなかなか寝付けなかったことも……。なるべく平坦な場所を探しましょう！

地面がゴツゴツしていない場所を選ぶ

大きな石ころが多いキャンプ場では、なるべくゴツゴツしていない場所を探しましょう。設営したい場所に石が多い場合は、テントの下だけでもある程度石を取り除いてから設営するのがおすすめ（テントの床が足つぼマッサージのようになって悶絶した経験あり）。

ペグが刺さるところを選ぶ

キャンプ場の立地によっては、地面が硬くてペグが刺さらない……なんてことも。設営を試みてからまったく刺さらないと気付いた場合は、少しだけ場所をずらすのもひとつの手です。ちなみに、はじめの頃はテントに付属していたペグと、安いゴムハンマーを使っていたのですが、それだと地面がやわらかい場所でしか使えないことに気付きました。現在は強度の高い鋳造のペグ・ハンマーを使用しています。ペグとハンマーに関しては、最初から優秀なアイテムを使用するのがおすすめです！

サイトレイアウトの方法

強風の日は風が抜けるレイアウトにしよう

テントやチェア&テーブルなどの配置は、基本的には自分達が動きやすいレイアウトでOK。ただし、風の強い日はテントやタープが倒れたり破損したりしないように、風が抜けるレイアウトにしておきましょう。

まずはサイト選び。何も遮るものがない芝生サイトや海に面したキャンプ場だと、風をもろに受けてしまいます。少しでも風を遮るように、風上に木々がある場所がおすすめです。車の乗り入れができるオートサイトの場合は、風からテントやタープを守るように車を風上に置くのもアリ。

設営時に気をつけたいのは、テントの出入り口の向き。前後に扉があって風が抜けるタイプならば問題ありませんが、出入り口がひとつの場合は、入り口は風下に向けましょう。入り口が風上だと風がテント内に入り、倒壊する可能性があります。とはいえ、風向きは変わってしまうものなので、あくまで意識する程度で……!

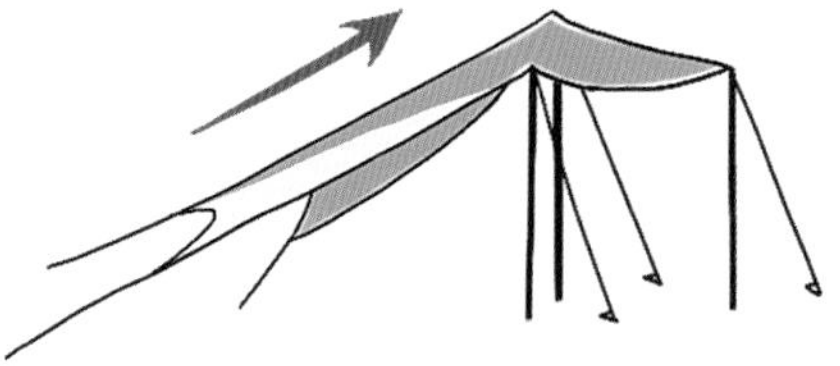

全体を低く&片方をぐっと下げて風をいなす

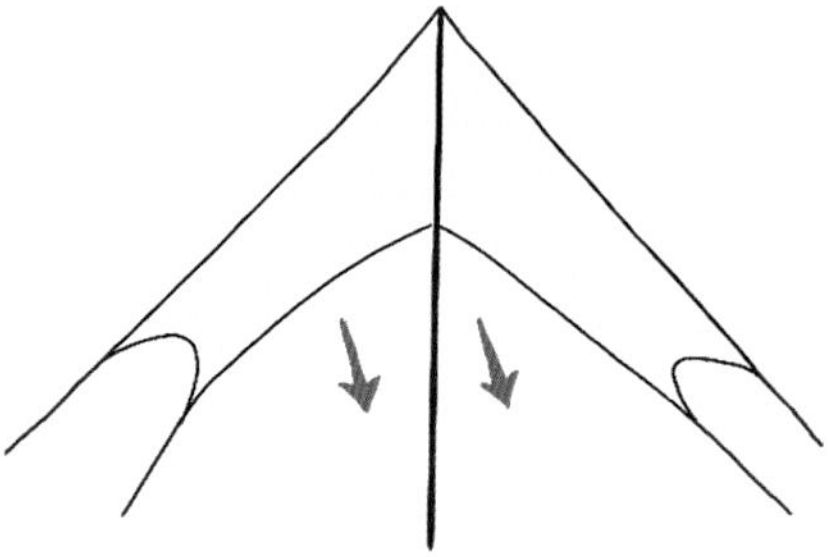

タープの真ん中を高くして風を通す

タープの設営も風が強いときは慎重に

風をもろに受けやすいタープは、強風時には工夫して張る必要があります。タープの中を風が抜ける形で張るか、もしくはタープの位置を低くして屋根の上を風が通る形で張るのがおすすめ。タープが倒れたときに火を扱っていたら危険なので、風が強くなる予報が出ていたら、事前に対処しておく必要があります。

ただし、あまりにも強い風が吹く日はタープをあきらめる勇気も必要です。強風の日にタープの設営を試みた結果、なんとか設営できたものの、数十分後にポールがボキッと折れて倒れた経験があります……。

強風時の設営ポイント

- 林間サイトもしくは木々が近くにある場所を選ぶ
- テントの出入り口は風下に向ける
- 風上に車を置くと風よけになる
- タープは風が抜ける形で張る
- あまりに強風の場合はタープをあきらめる

雨キャンプのレイアウトのコツ

雨水の通り道をつくる

雨の日のキャンプも、レイアウトや設営方法を工夫しておきたいところ。どれくらいの雨であればキャンプを決行できるのかについては10章でくわしく書きますが、ここではレイアウトのポイントをまとめます。

雨キャンプの大敵は、テントやタープに溜まってしまう雨水の重み。雨水が天井部分に溜まり、その重みで倒れてしまう危険性もあります。設営時に重要なのは、雨の流れる道をつくりつつロープ（ガイライン）をピンッと張ること。張りが甘いと、雨水が上手く流れず一ヶ所に溜まってしまいます。また、張るときはペグが抜けないようにしっかりと地面に打ち込んでおきましょう。ペグの上に大きな石やブロックを乗せておくのもおすすめです。

夜に雨が降る可能性がある場合は、外に出しているキャンプ道具をテントの中やタープの下にしまっておきます。濡れたら困るものがあるときは、車の中に入れておくのが安心です。また、車まで濡れずに移動できるように、テントやタープの近くに車を停めておきましょう。

テントの入り口にタープをくっつければ、雨に濡れることなくスムーズに移動できます。

テントとタープを連結する

レイアウトのポイントとしては、テントとタープを連結しておくと過ごしやすいです。特に出入り口に屋根がないテントの場合は、出入りをする際に雨が降りこんでしまうので、入り口部分にタープで屋根をつくっておきたいところ。小さなテントを使っているのなら、タープの下に設営するのもひとつの手です。

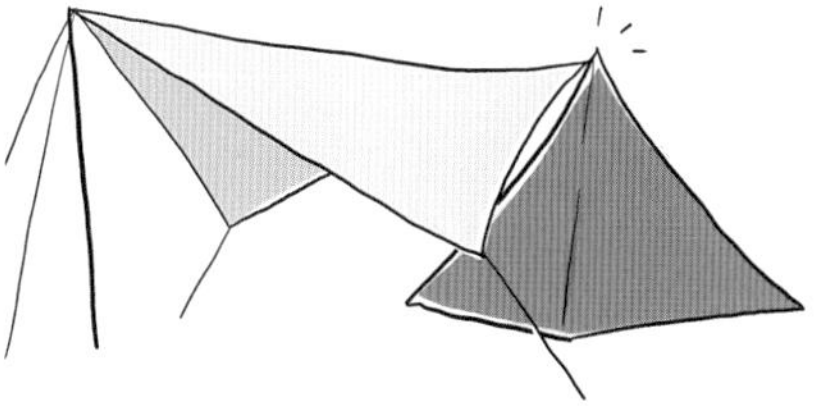

テントとタープが同メーカーの場合、連結できるようなつくりになっていることも。別メーカーの場合は、ポールの位置を工夫して繋げます。

小さいテントをタープの下に設営するスタイル

COLUMN
2人キャンプ

設営撤収やレイアウトは隣の先輩キャンパーから学ぼう！

はじめてキャンプに行ったとき、テントやタープの設営方法は説明書や動画で確認できたけれど、レイアウトや撤収方法はサッと見られるような教科書がないので、手探りで行ないました。そんな時にとても役立ったのが、隣や周辺にいた先輩キャンパー達（知らない人）を観察することです。

特に撤収に関しては、「なるほど、テントやタープは車に覆いかぶせる形で乾かすと良いのか！」「地面にビニールシートを敷いて、その上でテントを畳めば土や芝がつかなくてすむのか！」など、たくさん学びました。

また、キャンプ道具も周りの先輩達が使っているものを見て「これがあったら便利！」「こんな素敵なデザインのものがあるのか！」と参考にさせてもらっています。例えば、今も使っているタープは、はじめてキャンプをした時に隣の夫婦が使っていたタープの色違いモデル。勝手におそろいにしました（笑）。

逆に、反面教師にする場合もあります。例えば風向きや近さを考えずに焚き火をして、隣のキャンパー達がもろにその煙を被っている光景を見たとき。「焚き火をするためには周囲との距離や風向きも要注意だな」と学びました。

こうして、良い点も悪い点も周囲のキャンパーから学ぶことで、自分達のキャンプレベルもどんどん向上していく感じがします。もちろん周囲のキャンプサイトをじろじろ見るのはNGですが、不審にならない程度で周囲を観察させてもらいましょう！

9

気持ち良くキャンプするためのルールとマナー

事前に知っておきたいキャンプのルール

チェックイン時にしっかり把握

キャンプ場の利用者全員が心地良い時間を楽しむために、各キャンプ場にはそれぞれのルールが設けられています。たいていの場合はチェックイン時にルールを説明してくれたり、ルールの一覧表を手渡してくれたりするので、しっかりと把握しておきましょう。とはいえ、ルールの多くは一般常識と言えるようなこと。キャンプをする者として、自然にも、キャンプ場にも、周囲のキャンパーにも配慮できていれば大丈夫。「みんなが気持ち良く自然の中で過ごせるように」という意識が重要です！

ここでは、一般的なルールをいくつかご紹介します。

消灯時間以降は明かりを絞って静かに過ごそう

多くのキャンプ場が21時や22時を消灯時間として設定しています。この時間以降も起きている場合はランタンの灯りを絞り、焚き火もあまり大きな火にしないように（できれば鎮火するのがベストです）。また、夜のキャンプ場での話し声は意外に響いてしまうもの。寝ている人もいるので、話す必要がある場合はひそひそ声にしておきましょう。

ゴミはしっかり分別しよう

キャンプ場によってゴミの分別方法は異なります。その場所のルールにのっとって分別するようにしましょう。ゴミ袋はキャンプ場で専用のものを購入する場合もありますが、念のため持参しておくのが無難です。また、キャンプ用のゴミ箱を持っておくと、外からゴミが見えないのでおすすめ。わたし達は100円ショップで買ったビニールバッグをゴミ箱として活用しています。ちなみに、ゴミは持ち帰るルールのキャンプ場も多いので、その場合はもちろん持ち帰りましょう。

キャンプ場内では車は徐行しよう

場内は必ず徐行運転で。走り回る子どももいますし、設営されているテントやタープのロープなどが張られている可能性もあるので、ゆっくり確認しながら走行しましょう。また、一度キャンプ場内に入ったら車での移動は極力減らします。買い物やお風呂などで外出する場合は仕方がないですが、なるべく回数を減らすのがベター。エンジンをかけっぱなしにするのも、もちろんNG。自然を楽しんでいる周りのキャンパーに配慮しましょう。

気持ち良くキャンプするためのマナー

周囲への気づかいと配慮を

ルールとして明文化されていない「キャンプでのマナー」もあります。「独特なルールやマナーが多くて大変だな」と感じる人もいるかもしれませんが、どれも気持ち良くキャンプをするための配慮です。ぜひ、スマートなキャンパーを目指してくださいね。

他人のサイトに入らない

「テントを設営するサイト＝家の敷地」のようなイメージなので、他の人のサイトには入らないようにしましょう。トイレや炊事場までの導線だと通りたくなるかもしれませんが、そこは他人の敷地ですから、お互い心地良く過ごすためにも避けて歩きましょう。

夜の物音は最小限にする

キャンプ場の夜は、思った以上に音が響きます。話し声はもちろん、車のドアの開け閉めの音などは寝ているキャンパーにとって迷惑になることも。消灯時間後の車のドアの開け閉めをなるべく少なくできるように、取り出すものは明るいうちに車から降ろし、収納するものは早めにしまっておきましょう。

音楽や楽器は控える（禁止の場合もアリ）

好きな音楽を流してリラックスしたい気持ちはわかりますが、大音量で流すのはNG。小さな音で流しているつもりでも、周囲に丸聞こえな可能性もあるので、自分達のサイト内でおさまる音量になるよう配慮しましょう（もちろん消灯時間後はNGです）。

また、音量を調節できない楽器は避けたいところ。それと、最近ではキャンプ場で映画や動画を観る人も多くなってきましたが、音楽と同じく音量には気を付けましょう。ちなみに、キャンプ場によっては音の出るものの使用が禁止されている場合もあるので、ルールの確認は必須です。

自然を傷めない火の扱い

直火での焚き火ができるかどうかは、キャンプ場のルールによります。直火NGのキャンプ場の場合は、必ず焚き火台を使用しましょう。また、芝生のキャンプ場では、焚き火の熱で芝生が枯れてしまうことも……。熱が伝わるのを防ぐような「焚き火シート」などの利用をおすすめします。（7章参照）

防熱の焚き火シートを敷いています。

初心者がつまずきやすい キャンプあるある

キャンプをはじめたばかりの頃に不安に思うことや、「これってどうすればいいの?」ということをまとめました。備えあれば憂いなし。こういうことが起こるかも、と思って知識を持っておきましょう。

ケガをしたらどうすればいい?

自然の中で過ごすキャンプでは、木の根やロープにつまずいて転んだり、焚き火で火傷したり、キャンプ道具の使い方を誤ってケガをしたりする場合も。ファーストエイド用のガーゼや絆創膏などは持参すべきですが、大きなケガの場合は病院で手当てを受けましょう。事前にキャンプ場周辺の病院を把握しておくのがおすすめです。

体調が悪くなってしまったら?

体調を崩してしまったときは、無理をせず病院に行くことをおすすめします。救急の場合は、キャンプ場の管理人さんに助けを求めたり、救急車を呼んだりしましょう。

虫に刺されたらどうしよう?

快適に過ごせるように虫よけをこまめに使うことをおすすめしますが、それでも刺されてしまった場合は、虫によって対処が変わってきます。ハチなどの毒性が強い虫の場合は、すぐに病院へ行きましょう。虫を寄せ付けない対策とともに、それぞれの対処法を事前に調べておくと良いです。

雷が鳴ってるときはどうすればいい?

キャンプ場で雷のゴロゴロという音が聞こえてきたら、すぐに車の中に避難しましょう。車の場合、雷が落ちても金属部分からタイヤを通って地面に流れていくので、外に比べたら安全なのです。テントの中はむしろ危険。雷が落ちた場合、感電の危険があります。油断することなく、車の中に入るか、管理棟が近い場合は建物の中に逃げ込むのもアリです。

周囲の音や雨風の音が気になって眠れない……

周囲のキャンパーの話し声や物音が気になって眠れないときは、耳栓やイヤホンをして外の音をシャットアウトするのがおすすめ。特に夏などのハイシーズンでキャンプ場が混雑している時期は、隣のテントとの距離が近く、声などが聞こえやすい場合も。眠くなる音楽をイヤホンで聴いて、リラックスするのも良さそうです。

夜中にトイレに行きたくなっちゃった……

真っ暗な時間帯にトイレに行きたくなったときは、必ずランタンなどの灯りを持って向かいましょう。スマホのライトでもOK。足元が見えにくくテントやタープを張るロープにつまずきやすいので注意です。

COLUMN
2人キャンプ

ケンカしちゃったらどうしよう?

「2人キャンプに行って、ケンカしちゃったらどうするんですか?」

人からこの質問を受けてはじめて考えてみたのですが、ケンカをしたとしても2人でキャンプを生き抜かなければならないので(大げさ笑)、結局は協力するしかないんだろうな、と思いました。

ちなみに、わたし達夫婦もキャンプ中に暑さや空腹などによってイライラして、険悪な空気が流れることも。でも、結局は2人で力を合わせないと、自然の中で心地良く過ごすのは難しいんですよね。そこが共通認識としてあれば、ケンカをしてもきっと大丈夫なんじゃないでしょうか。楽観的すぎるかな。

やはりお互いがイライラしているとケンカになりやすいので、イライラする前の対策がだいじだと思っています。暑すぎるときは、無理をせずに冷たい飲み物を飲みながら休むとか。また、時間に余裕を持って行動し、心の余裕をつくっておくのも大切です。2人キャンプは、とにかくのんびり心をいやすように楽しむものだと思うので、お互いのことも思いやって楽しく過ごせると良いなと思います。

ということで、小さなケンカぐらいならば、それも上手く乗り越えちゃいましょう。きっと、キャンプの回数を重ねるたびに2人のチームワークが向上し、ケンカすることも少なくなっていくはずです!

10

雨キャンプの楽しみ方

雨キャンプの楽しさ

雨でも楽しいのがキャンプの素敵なところ

雨がしとしと降る中でお酒を飲んだり食事をしたりする非日常感が、結構好きです。雨粒がタープやテントをトントンと叩く音や、雨に濡れた木々のしっとりとした風景も特別な感じがします。

「雨の日って、キャンプに行けるの？」と疑問に感じる人も多いかもしれませんが、多少の雨であれば、行けちゃいます。むしろ、キャンプにおいて1日中ずっと天気が良いなんてケースはかなりラッキーで、たいていは1日のどこかで雨が降ったり。高原にあるキャンプ場は特に、天気が変わりやすいとも言いますよね。どれくらいの雨であれば決行できるかは考え方や熟練度によって異なりますが、この章ではわたし達の判断基準もくわしくご紹介します。

やはりキャンプは晴れている中でするのが一番気持ちいいのだけど、雨キャンプにも魅力はあって、そちらもぜひ味わってほしいです。意外にも、2人の中で「特別なキャンプ」として記憶に残るのは「雨の日のキャンプ」だったりするかもしれません。

雨キャンプの大変なところ

雨キャンプにも魅力があるとはいえ、もちろん晴れの日のキャンプとは違った大変さもあります。テントやタープを設営し終わっていれば、その下で過ごす時間は何の問題もない（むしろ楽しい）のだけれども、雨の中でそれらを片付けるのはなかなか大変。特に撤収に関しては、濡れたキャンプ道具を家に帰ってから乾かす必要があります。本音で言えば、それはちょっと面倒くさいのだけど（!）、それでも「雨キャンプ楽しかったな」と思えるのがキャンプのすごさです。

これまでキャンプをしてきて、ずっと空がぐずぐずしていたこともあれば、通り雨のように一瞬だけザっと降ったこともありました。天気予報があやしい日や既に雨が降っている場合は、空模様とにらめっこしながら雨がおさまったタイミングを見計らって設営や撤収をします。その時々で2人で相談し、この状況をどのように乗り切るか、そして楽しむかを考える過程も、雨キャンプならではかもしれません。

キャンプの日が雨予報……決行できる？

わたし達の雨キャンプ決行の判断基準

　どれくらいの雨だったらキャンプができるのか、人によって判断基準は異なります。ただ、台風・暴風雨であればもちろん延期・中止。それほどではなくとも終日土砂降りなら、キャンプ初心者の場合は同じく延期・中止をおすすめします。逆に言えば、そうでなければ雨キャンプに挑戦するのもアリ。

　わたし達の場合は、多少の雨なら決行します。事前に天気予報をチェックし、設営・撤収のタイミングが雨とかぶらないようにする、もしくは雨が弱くなった時にできるように段取りしておきます。予報が外れた場合は、雨がやむまで車で待機し、小雨になってから設営するのもアリです。

　ちなみに雨キャンプの場合は、タープを持っていた方が過ごしやすいです。タープで屋根さえ作ってしまえば、雨の中でのんびり過ごせます。テントの大きさにもよりますが、小さいテントならばタープの下で設営することもできるので、タープは雨キャンプの必需品だと思います。

雨キャンプ決行の判断基準

- 降ったりやんだりの小雨の予報：決行可能
- 一時的な通り雨の予報：決行可能
- 1日中土砂降りの予報：延期推奨
- 台風・暴風雨：延期

2回目にして予期せぬ暴風雨キャンプに……

台風や暴風雨の場合は延期・中止をした方が良いとお伝えしたばかりですが、わたし達は予期せぬ暴風雨の中でキャンプをした経験がありまして……。それも、まだキャンプをはじめて2回目のときの話です。

事前にチェックしたその日の予報は晴れのち小雨。実際、設営の時も含めて日中は晴天だったのですが、暗くなるにつれて雨風が強くなり、急な暴風雨に。スマホで天気予報を見ると「温帯低気圧が近くを通っている」とのこと。「そんなの聞いてないよ！」と思ったものの、今から撤収するのは難しく、いざとなったら車に避難するつもりでテントで一夜を明かしました。

ザーザー降り続ける雨、テントを揺らすほどの風。テントが浸水しないか、倒れて飛んでいかないか心配で眠れない……と思って隣を見ると、夫はスヤスヤと眠っていました（笑）。夫が夜中に起きたときに、心配で眠れないわたしを見て「テントが倒れたって死ぬわけじゃないんだからさ」と一言。「たしかにそうだ」と妙に納得して、わたしもようやく眠りにつきました。

翌朝、テントの浸水もなく無事だったものの、雨は依然として降り続いており、雨が弱くなったタイミングを見計らってどうにか撤収完了。撤収作業で雨に打たれてびしょ濡れになった自分達を見て、安堵と可笑しさで大笑いした記憶があります。今となっては良い思い出ですが、この経験によって雨対策の重要さを学びました。

雨キャンプにおける設営&撤収のコツ

設営時に雨が降っている場合

雨の中での設営は、なるべく小雨のタイミングを見計らって行うのがポイント。最初にタープを設営してしまえば、あとはその下で濡れることなく準備を進められます。雨が強い時にテントを設営しようとすると、テント内に雨が入って濡れてしまう可能性も。空模様をチェックしながら、少しでも雨が弱まったタイミングで設営をしましょう。

撤収時に雨が降っている場合

雨で濡れたテントは帰宅後に乾かす必要があるため、撤収時は「持ち運びできる程度に収納すればＯＫ」です。濡れているテントやタープは適当に畳んで大きなビニール袋に詰め込み、帰宅後に干しています。

また、畳む際は地面に大きめのレジャーシートを敷いておくと、地面の泥や芝が付着しにくくなります。レジャーシートに包んでそのまま持って帰ってしまうのもアリです。

濡れたテントやタープの干し方

テントやタープは濡れたままだとカビが生えてしまうので、帰宅後にしっかりと乾燥させましょう。庭などに設営して乾かすのがベストですが、わたし達はマンション住まいなのでベランダに干しています。もしも車庫があるならば、車に被せて乾かすのもおすすめです。

テントやタープが完全に乾くまでには意外と時間がかかります。生地のつなぎ目など分厚い部分が乾きにくいので注意。可能であれば、乾燥後に防水・撥水スプレーを塗布しておくと、次の雨キャンプでは水をはじいて乾きやすくなります。

雨キャンプに持っていきたいアイテムまとめ

- 大きなビニール袋（ゴミ袋でOK）
- レジャーシート
- グランドシート
- 防水スプレー
- レインウェア&傘

知っておきたい！
キャンプでの雨対策

雨の中でのキャンプを楽しむために、安全に過ごす知識と、
ちょっとしたコツをおさえておきましょう。
事前の対策で撤収が楽になりますし、きっと雨キャンプも楽しくなるはず！

水はけの良いサイトを選ぶ

雨の日は、特にサイト選びが重要。傾斜のあるキャンプ場の場合は、斜面の上側を選びましょう。万が一急に大雨が降ってもテント周辺に水が溜まったり、流れてきた雨水で浸水したりすることを避けられます。また、谷になっている場所など、水の通り道の中に入ってしまいそうな場所は避けて設営します。

テントやタープの雨対策

雨の可能性がある場合は、事前にテントやタープに防水スプレーを施しておきましょう。ただし、新品の場合は十分な撥水力があるものも多いので、防水スプレーなしでも大丈夫です。

また、テントの設営時には下にグランドシートを敷いておくのがおすすめ。テントの底面を雨水による浸水から守ってくれます。大きめのブルーシートなどでも代用可能です。テントの底面からシートがはみ出ていると、降ってきた雨水がテントとシートのあいだに溜まってしまうため、はみ出ないように敷くのがポイント。

 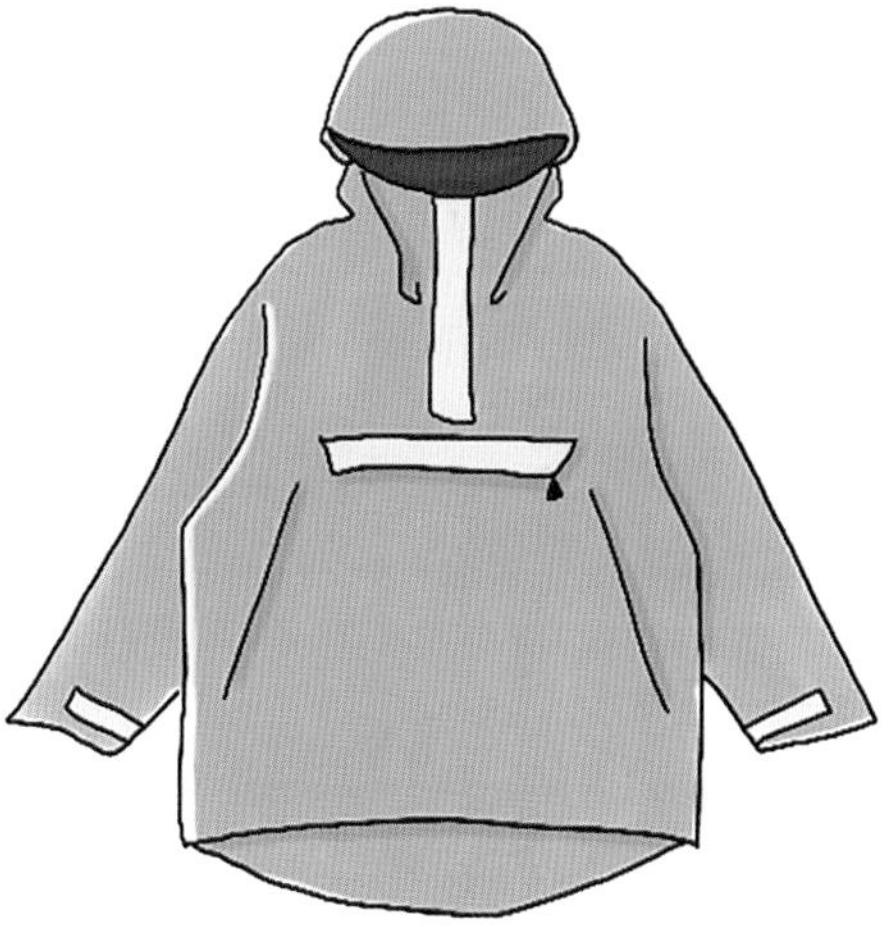

その他のキャンプ道具の雨対策

その他のキャンプ道具は、濡れたり泥で汚れたりしたら困るものは使用を避けるのがおすすめ。夜の間に雨が降りそうな場合は、寝る前にチェアなどをテントやタープの下に入れておきましょう。また、テーブルやチェアの足の底部分にラップを巻いておくと、泥がつかずに撤収がラクになります。

ウキウキするレインウェアを準備

雨キャンプをより楽しむために、機能性はもちろんのこと、気分が上がるようなデザインのレインウェアを準備しておくのがおすすめ。レインコートと防水のシューズ・レインブーツなど。特にレインコートは厚着をしていても上から羽織れるポンチョなど、ゆったりしたデザインだと着たり脱いだりするのが楽です。また、傘も持っておくと便利。雨の日が楽しくなるようなアイテムをそろえてみてくださいね。

COLUMN
2人キャンプ

当日も雨雲レーダーで予報をチェック

キャンプの日の空模様は、初心者もベテランも気になるところだと思います。雲ひとつない晴れ予報でない限り、キャンプ中に「この後、雨は降るのかな?」と確認することもしばしば。そんな時に活用しているのが、雨雲レーダー。数分後から数時間後までの雨雲の動きを予報していて、「ここのエリアはどれぐらい雨が降るのか」をかなりピンポイントにチェックできます。特に設営や撤収時は、この雨雲レーダーを頼りにしてタイミングを見計らうことも。「10分後、雨雲が少しだけ途切れるから、そのタイミングで撤収しよう!」と号令をかけて、2人の連携プレーで片付けます。

……とはいえ、雨雲レーダーはあくまで予報なので当然外れることもあり、思ったように進まないことも。「小雨になるって予報だったのにね……」と文句を言いながら、ザーザー降りになった雨の中で撤収した経験もあります(笑)。

個人的には、雨よりは晴れのキャンプが好きですし、キャンプデビューは晴れている日に行うのがベターかなと思いますが、2回目以降のキャンプならば雨キャンプに挑戦してみても良いと思います。

自然を楽しむキャンプですから、雨ももちろん「楽しみたい自然」のひとつ。予報をチェックしつつ、自分達らしい「雨との上手な付き合い方」を見つけてみてください。

番外編

先輩キャンパーインタビュー
&キャンプの写真術

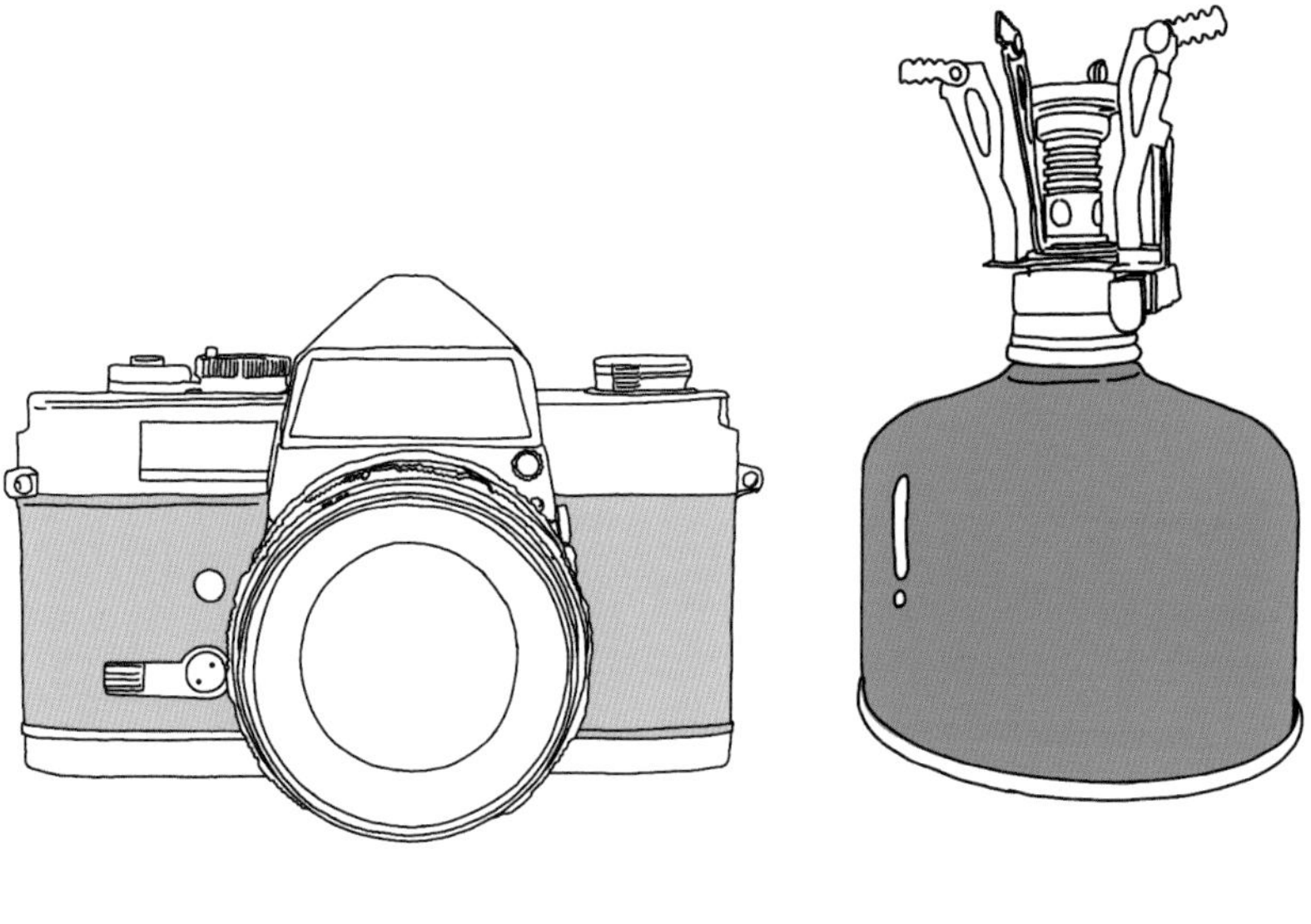

番外編1

先輩キャンパーに聞く!
2人キャンプの楽しさとは?

2人キャンプの楽しみ方は、人それぞれ。キャンプでの時間の過ごし方や、それぞれのこだわり、これまでの失敗談などを、3組の2人キャンパーに聞いてみました!　これからキャンプを始める方は、ぜひ参考にしてみてください。

質問リスト

①名前
②2人の関係性
③2人キャンプを始めた時期
④2人キャンプを始める前のキャンプ経験
⑤2人キャンプを始めたきっかけ
⑥キャンプでの過ごし方
⑦失敗談・アクシデントとその対処法
⑧キャンプでのこだわり
⑨お気に入りのキャンプ場
⑩2人キャンプの魅力

＼夫婦キャンプ／

1人の時間と2人の時間、どちらも楽しめるのが魅力

①たけしさん・さくらさん

②夫婦

③2018年9月から

④たけし：キャンプ歴半年
さくら：キャンプ歴半年

⑤お互いにキャンプが趣味で、交際をきっかけに2人でキャンプへ行くようになりました。

⑥日中は読書や仕事をそれぞれ楽しみ、夕方から一緒に焚き火と料理を。そのままプロジェクターで映画を観るのがブームです。

⑦急な大雨で、2人でびしょ濡れになりながら、雨が溜まらないようにタープの張り方を変えました。今となっては良い思い出です（笑）。

⑧キャンプ場や気分に合わせて2人でひとつのテントにしたり、それぞれソロテントにしたりと使い分けて楽しんでいま

お気に入りのキャンプ道具たち

す。こだわりのアイテムは、古道具屋さんで見つけたブリキの缶。家ではギア入れに、キャンプ場では小物入れ兼机として使用しています。それと、しなやかな見た目の焚き火台と焚き火ハンガーもお気に入りの道具。焚き火ハンガーは、ホームセンターで購入した「異形ロープ止め（本来工事現場でロープを張るのに使うもの）」をオリジナルのサイズにカットして使用しています。

⑨本栖湖キャンプ場（山梨県）。歩いて本栖湖へ行けるのと、思い切り大自然の中で季節を感じられるところがお気に入り。２人キャンプをしやすい静かな雰囲気です。また、直火で焚き火ができるのも嬉しいポイント。

⑩それぞれの時間も、２人の時間も楽しめるのが魅力です。キャンプ場選びから当日のギア選び、サイトの配置まで話し合って決めていくのが楽しく、焚き火を囲むと普段話さないような話もできます。とにかく、２人キャンプはとっても楽しいです！

＼女子2人キャンプ／

気を許せる友達とまったり楽しむ

至福のお昼寝タイム

①筒井響子さん・花見さやかさん

②大学時代の友人

③2018年春から

④筒井：経験なし
花見：数回経験あり

⑤花見がキャンプにしつこく誘うもまったく興味を示さなかった筒井が、キャンプアニメを見てから興味を持ったのがきっかけです。

⑥キャンプ場に到着したら、まずはお互いの設営における役割をそれぞれ黙々とこなします。暗くなってきたらご飯を作りながらお酒を飲み始め、料理と焚き火をしながらおしゃべりして過ごしています。

⑦最初はギアを持ち寄っていたので、ポールはあるけれどもタープ自体を忘れるような失敗もありました。また、2人で食べきれる食材の量がわからず、余らせてしまうことも。最近ではちょうど良い量もわかってきたので、失敗も減りました。

⑧ハンモックが使用できるキャンプ場を選ぶことがこだわりです。2人ともお昼寝が好きで、ハンモックに揺られる時間が至福のひととき。

⑨日光中禅寺湖のほとりにある、菖蒲ヶ浜キャンプ場（栃木県）。運が良ければ見られる朝靄のかかった湖の景色は幻想的です。本栖湖キャンプ場（山梨県）もおすすめ。2人で初めて行ったキャンプ場で、隣のキャンパーとの距離もちょうど良く、炊事場やトイレも綺麗です。

⑩設営や撤収など、なんとなく2人の役割が決まり、相談しなくても動けるようになって成長を実感できます。また、焚き火を見ながらお酒を飲む夜の時間、毛布にくるまってコーヒーを飲む朝の時間は、特に幸せを感じます。そして、撤収時に一緒にテントを片付けている時も、次のキャンプへの思いを馳せられるので楽しいです。

＼夫婦キャンプ／

回数を重ねるたびに2人が息ぴったりになっていくのが嬉しい

アプトいちしろキャンプ場にて

①青木達也さん・江梨子さん
（ユニット名：野あそび夫婦）

②夫婦

③２０１６年10月から

④江梨子：５歳から頻繁に行くキャンプ好き
達也：ほぼ未経験

⑤妻は「家族ができたらキャンプをしたい」と思っていて、それに夫も賛成し、新婚旅行に貯めていた費用を全部キャンプ道具につぎ込むほど２人ともハマりました。

⑥とにかくのんびり過ごします。２人ともお酒好きなので、ビールからはじまり、その土地の地酒、焚き火の時はウイスキーなどを飲むのが定番。

⑦冬キャンプで、コットン製のベルテントの中に薪ストーブを入れていたら、煙突の温度が上がりすぎて布が燃えました……。心配性で用意が良い妻がすぐそばに消火スプレーを用意していたため、事なきを得ました。

⑧キャンプ道具は、ブランドにはこだわりません。見た目も良く、機能性もコスパも良いものを探し続けていて、お互いが良いと思う物だけ購入しています。

⑨アプトいちしろキャンプ場（静岡県）。きれいな芝生サイト、ピカピカのトイレなど施設が充実している割に穴場。目の前にエメラルドグリーン色のダム湖が広がり、その上をトロッコ列車が走る景色がとにかく最高です。

⑩日常を忘れてのんびり過ごす時間はもちろんですが、キャンプを重ねるたびに設営や撤収のスピードが速くなるなど、２人の息がぴったりだと感じる瞬間が楽しいです。

青木夫妻は、夫婦ユニット「野あそび夫婦」としてアウトドアイベントなどでも活動されています。キャンプ好きが高じて2019年埼玉県に『キャンプ民泊 NONIWA』をオープン。初心者にキャンプの楽しさを体験してもらうための施設となっています。
https://noniwa.jp/

番外編2

2人の思い出を残す
キャンプ写真術

普段は気が付かないような自然の風景や表情が見られるのも、キャンプの楽しさのひとつ。キャンプ場内を散策がてら写真を撮って楽しむことも多く、キャンプ後に2人で見返して語り合うところまで、わたし達にとっては「キャンプの楽しみ」です。このページでは、キャンプ写真を撮るときに意識しているポイントをお伝えします！

写真を撮る時に意識していること

だいたい真ん中で緑と青が分かれている2分割構図

下・真ん中・上の3分割構図

サイト全体を撮影するときのポイント

自分達のサイト全体を撮影すると、その時のキャンプの雰囲気を写真に残せます。2分割構図や3分割構図にすると、安定して見た目もスッキリした写真になりやすいです。

道具やご飯を撮影するポイント

道具やご飯を撮影するのも、キャンプの思い出のカケラを切り取るようで楽しいです。物を撮影する時は、日の丸構図か3分割構図で撮ると安定しやすくなります。

写真の真ん中に撮りたい物がくる日の丸構図

3分割にした時に4つの点のどこかに物を置く構図
（今回は右下の点に置いています）

パートナーの自然な表情を撮るポイント

2人ともカメラ好きなら、お互いを撮りあうのも良いですよね。気取った写真もいいけれど、リラックスしている自然な表情が撮れると嬉しくなります。「ハイチーズ」と言わずに、スナップみたいにパシャパシャ撮るのがポイントです。

2人の記念写真を残すには？

毎回1枚は2人の記念写真を撮るようにしています。スマホで自撮りでも良いですが、その時々のキャンプの思い出として残したい場合は、三脚を使ってセルフタイマーで撮ってみてください。テントなどのキャンプ道具が写るような「引きの写真」がおすすめです。

また、一眼レフやミラーレス一眼でセルフタイマー撮影をするなら、夜の撮影もぜひチャレンジしてみましょう。マニュアル撮影ができなくても、シャッタースピード優先モードで簡単に撮影できます。Canon のカメラは「Tv」、Nikon やオリンパスは「S」と表記されているモードです。このモードにて、シャッタースピードを遅く、ISO感度を高くすると、昼の雰囲気とはまた一味違う夜のキャンプ風景が撮影できます。

ぜひ、2人キャンプの素敵な思い出を積み重ねていってくださいね！

テントやキャンプ場の雰囲気も写すのがおすすめです。

シャッタースピード4秒、ISO感度5000で撮影。
その時の暗さによるので、良い数値を探ってみてください。

最終章

心が疲れたらキャンプに行こう

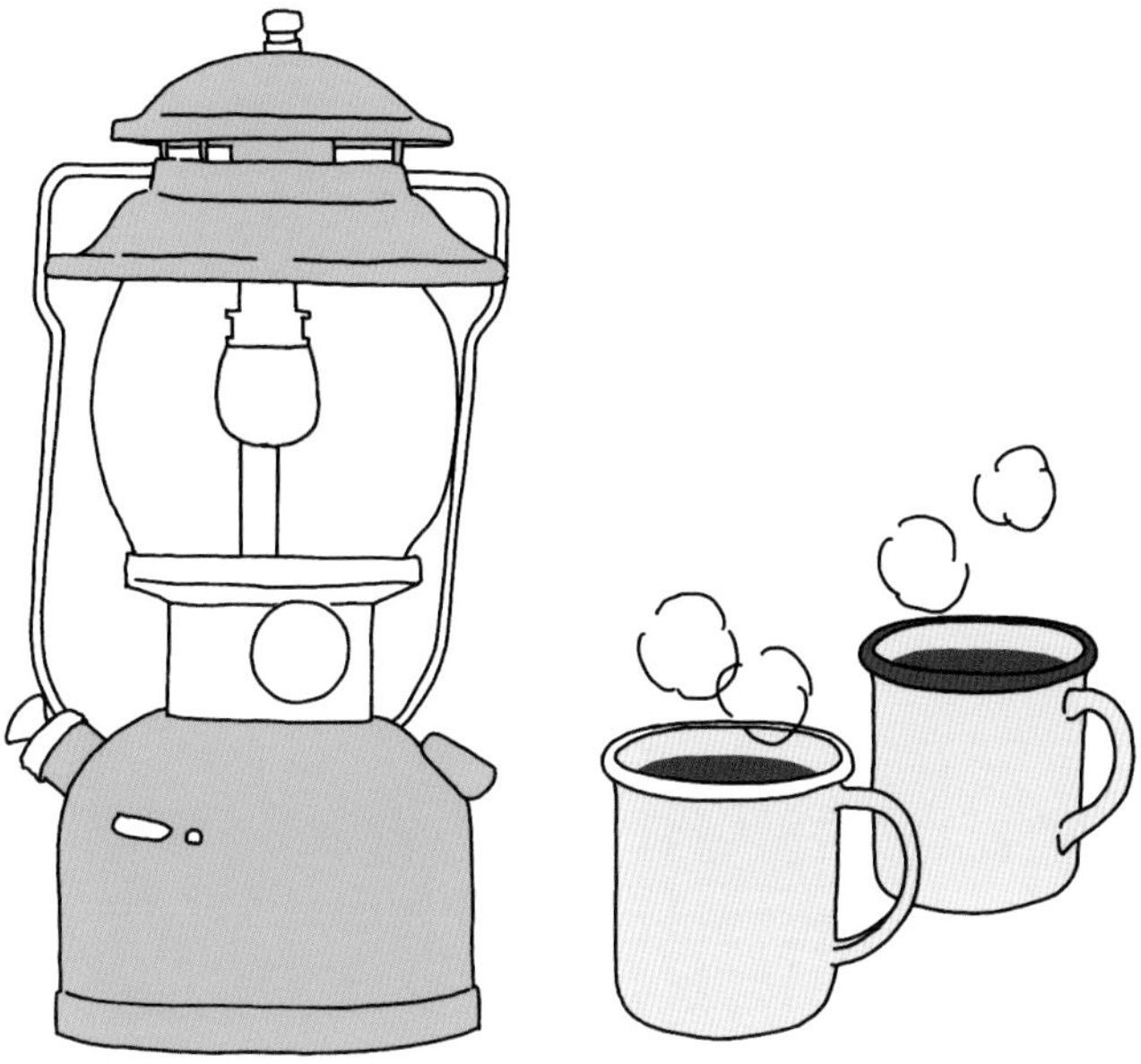

2人キャンプを始める前は心も身体もすり減ってしまっていた

身近な「自然」にいやされて

2人キャンプを始める前の、わたしの話を少しさせてください。今はフリーランスで仕事をしているのですが、以前は企業に勤めていました。しかし、そこでの仕事や文化が自分にはあわず、すり減っていく毎日。いつも「どこかへ行ってしまいたい」と感じていました。小さな無理を積み重ねていった結果、入社2年目の2013年に眩暈《めまい》で倒れ、その日を境に、会社に行こうとしても心が全力で拒否をするように。「これ以上無理をするのはやめよう」と思い、同年に退職。しばらく「何にもない日々」を過ごしました。

そんな時期にわたしをいやしてくれたのが、河原や公園の身近な「自然」でした。コンディションが良い日は近所の公園を散歩し、陽の光を浴び、木々が風に揺れている音や鳥の声を聞く。そうすることで「生きているんだなあ」と実感できました。

そして、心も身体も元気になってきた2015年、はじめてキャンプを体験します。その時の衝撃は今でも覚えていて、「**わたしがずっと行きたかった『どこか』は、ここだったのかもしれない**」とさえ思いました。自分が心から欲していたのは、自然の中でただ生きること、そして自分らしくあること、だったのだと思います。

「生きる自分」を受け入れられた実感

心を許せる人との2人キャンプでは、自分達のテンポで1日を過ごせます。スマホの電源を切ることで普段の世界とのつながりも絶って、ただ、人間らしく生きる。そんな日々は、普段デジタルにまみれ、つながりに雁字搦《がんじがら》めになっていたわたしにとって、驚きに満ちていました。見渡す限り広がる空が刻々と表情を変えること、鳥や虫の声がこんなにも多様であること、芝生にちょこんと乗った朝露が朝日に照らされてキラキラと美しいこと。また、必要最小限の道具さえあれば生活できること、誰かの役に立とう、認められようとしなくても自分が自分でいられること。様々なことに気づかせてくれたキャンプでの環境のおかげで、「生きる自分」を受け入れられたような気がしたんです。

「人間らしく、自分らしく楽しく生きること」

それが自分にとって一番大切なことであり、仕事も、日常のいろいろなことも、すべて人生を楽しむための一部でしかない。

そう考えられるようになっていきました。

自分と向き合う時間を大切にしたい

キャンプを始めるまでのわたしは、どこかで「自分は社会不適合でダメな人間だ」と思っていました。さらに、新卒で入った会社を2年足らずで辞めてしまったことで、自信も自尊心もどん底に。そのため退職後は、「自分を好きになりたい」ともがきながら、ひたすら自分と向き合う日々。ノートに頭の中を書き出してみたり、さまざまな本を読んで「自分」について考えてみたり。また、2人キャンプに行くことも自分と向き合う時間を持つひとつの手段となりました。

そして今、自分の経験をもとに、「自分と向き合う時間のある毎日」を提案する「じぶんジカン」というブランドを運営しています。「じぶんジカン」では、自分と向き合うきっかけをつくるノートなどの文房具や、ゆっくりとひとり時間を満喫できる場づくりをしています。わたしにとって「自分らしくいられる場所」である2人キャンプも、もっとたくさんの人に試してみてほしいなと思っていて、2人キャンプについての発信や、こうして書籍を書かせていただくことも「じぶんジカン」の理念に沿った活動のひとつです。

心をすり減らして悩み苦しんだ自分にとって「**自分と向き合う時間**」**が前に進むための大きな推進力となった**ことから、同じように悩む人にもそんなきっかけを提供できたらいいなと思っています。

「静かな場所が好き」「ひとりの時間が好き」そんな人にこそキャンプをしてみてほしい

「好きな自分でいられる場所」に身を置く

グループでもソロでもない2人キャンプの良さは、気心知れた人と一緒に自然の中で過ごすことで、自分が自然体でいられることだと思います。1人でもキャンプを楽しめるようになったらソロでも良いのかもしれませんが、キャンプ初心者だという不安と、女性1人でテントに泊まる不安もあり、おそらく1人だったら心配で心休まらなかったでしょう。その点2人キャンプは、隣に心許せる人が居る安心感があります。また、対話ができるのも2人キャンプの良さ。1人では思いつかなかったような発想や、おもしろさが生まれることも多々あります。

気取らず、気張らず、等身大の自分でいられる2人キャンプの時間は心地良く、そんな自然体な自分をちょっとだけ好きになれました。つくり笑顔なんかしなくても、自然と表情がやわらかくなる。おおらかな気持ちで、ただ「今」を楽しんでいる。「**そんな自分ってちょっと良いな**」と思えたんです。そうやって「好きな自分でいられる場所」に身を置くことが、すり減った心をいやし、自分を少しずつ好きになっていくための秘訣なのかもしれません。

キャンプはいつでも真っ白な自分に戻れる場所

定期的にキャンプに出かけることは、わたしにとって「**余計な思考をリセットして自分の本音を探る**」ためのきっかけにもなっています。昔から自己肯定感が低かったことは既に書きましたが、どん底時代よりはマシになったものの、それでもやっぱりネガティブで他人と比較しがちな傾向は変わっていません。そのため、日々の中で「こうした方が多くの人に認められる」とか、そういう余計な邪念みたいなものが頭をじわじわと支配していきます。

でも、たくさんの人から認められるかどうかとか、すごいと思われるかどうかは、自分らしく楽しく生きる上で本来関係のないことです。だからこそ、日常から離れ、インターネットから切り離され、邪念をリセットして自分の原点に戻れるキャンプは、わたしにとって今でも重要な場所になっています。

日常とは異なる世界の中で、**感覚を研ぎ澄まして自分と向き合えるキャンプは、新しいアイディアが生まれる場所**でもあります。

普段ならスマホを見ることで潰してしまうような時間と思考の余白が生まれ、その余白にアイディアが宿る。もちろん、単純に楽しくてキャンプに行っているわけですが、それに加えて、こんな意味でもわたしにとっては2人キャンプがとても大切な時間なのです。

静かな自然の中で過ごすキャンプは素の自分でいられる時間になる

わたしは昔から集団に所属することや大勢でワイワイするのが苦手だったので、以前は「キャンプやバーベキューのようなものに自分が関わることはきっとないだろう」と思っていました。でも、ひょんなきっかけから2人キャンプデビューした今では、昔の自分（そして、同じように静かな時間が好きな人）に向けて、こっそり伝えてあげたいです。静かな場所が好きで、ひとりの時間を大切にしたい人ほど、キャンプに行ってみてほしい、と。

最近はキャンプのイメージも少しずつ変わってきていて、昔のように家族やグループで行くだけでなく、1人で行くソロキャンプをする人もだいぶ増えたと感じます。それでも、急に1人で行くのには勇気がいるし、かといってグループで行くのは自分には向いていない……。

「でも、自然の中でのんびりすることには興味があるなあ」

少しでもそう思っているのなら、心許せる人との2人キャンプをおすすめしたいです。この本が、新しい一歩のきっかけになりますように！

おわりに

「心が疲れている人にこそ、自然の中で過ごす時間をもってほしい」

わたしが運営しているWebサイト「2人キャンプ初心者向けガイド（https://futaricampguide.com/）」も、この本も、そんな気持ちが軸となっています。ここで言う「心が疲れている人」は、心の調子を崩した昔の自分のことであり、今でもときどきすり減ってしまう自分のことでもあります。

会社を辞めたことで自分らしい道を見つけたわたしにとって、「逃げること」はとても大切なことです。ダメになる前に、逃げたっていい。そして今のわたしにとっては、逃げる先が「2人キャンプ」であり、自分の心をいやせる場所になっています。

どんなに嫌なことがあっても、自然の中に行ってしまえば、日常とは遮断され、自分本来の姿でいられる。頑張る必要なんてないし、空気を読む必要もない。ただただ太陽の動きに身を任せて、好きなように生きていい。そうやって自分をフラットに戻せる場所を持てたことが、わたしにとってはとても大きなものでした。そして、自分と同じような人にとっても、ひょっとしたらプラスになるかもしれない。そんな気持ちで、自然の中で過ごす時間のひとつの提案として、2人キャンプについて書かせていただきました。

最後に、終始励ましながら伴走してくださった編集の松川さん、本当にありがとうございました。「2人キャンプ初心者向けガイド」を見てご夫婦でキャンプを始めたという松川さんとの打ち合わせは、購入したテントの話や、最近行ったキャンプ場の話などの雑談も含め、毎回とても楽しかったです。

また、わたしが気持ちをすり減らして会社を辞めたときから「まっつーは絶対にビッグになるよ！」と支え続けてくれた夫にも感謝です。この本の写真にも、たくさん登場してくれてありがとう。これからも2人キャンプにたくさん行こう。

そしてなにより、本を手に取ってくださったみなさま。ここまで読んでいただき、ありがとうございます。素敵な2人キャンプの時間をお過ごしくださいませ！

マツオカミキ

マツオカミキ

自分と向き合う時間をつくるブランド「じぶんジカン」代表
1989年生まれ。東京都出身。早稲田大学卒業後、文房具メーカーに勤務。2014年に執筆・編集業にてフリーランスとして独立。2015年に2人キャンプの魅力に目覚め、Webサイト「2人キャンプ初心者ガイド」を運営開始。Webメディアや SNS を中心に、静かにゆっくり楽しむキャンプの魅力を発信している。現在は名古屋テレビの TV 番組連動型Webメディア「ハピキャン」編集部にも在籍。

Webサイト：https://futaricampguide.com/
Twitter：@matsuo_mk
Instagram：@matsuo_kmk

カバー・扉イラスト　筒井響子
写真・本文イラスト　マツオカミキ
デザイン　原田光丞

心《こころ》をいやす2人《ふたり》キャンプ
心《こころ》が疲《つか》れたら、キャンプに行《い》こう。

2020年3月30日　初版第1刷発行

著者　マツオカミキ

発行人　相澤正夫
発行所　芸術新聞社
〒101-0052　東京都千代田区神田小川町2-3-12
神田小川町ビル7階
TEL　03-5280-9081（販売）
03-5280-9087（編集）
FAX　03-5280-9088
URL　http://www.gei-shin.co.jp

印刷・製本　シナノ印刷株式会社

ISBN 978-4-87586-577-3　C0075